JN061555

なるにはBOOKS

大学
学部調べ

音楽学部

三井綾子 著

ぺりかん社

はじめに

音楽は有史以来、世界それぞれの国と地域、文化圏《けん》で、その時の自然や社会の変化の影《えい》響《きょう》を受けながら独自の文化、芸術として発展してきました。時代が下るにつれて、言語や人種、民族の枠《わく》を超《こ》えた新しい音楽文化がつぎつぎと生まれ、今日に至ります。

日本《にほん》の大学の音楽学部は、もとは西洋音楽の演奏家や教育者、研究者を育てる音楽学校から始まっています。しかし、社会のグローバル化と情報技術の発達にともない、ほかの学部と同じように専門教育や研究活動が多様になってきました。医療《いりょう》や教育、情報工学などほかの学問と融合《ゆうごう》し、現代社会の課題に取り組む新しい学びが生まれているのです。新しい専攻《せんこう》・コースがつぎつぎと設けられ、音楽の基礎《きそ》教育を基盤《きばん》としつつも専門科目の選び方の自由度が高くなり、卒業生の進路も今や多方面にわたります。本書を通して、音楽学部の学びの深さと広さを、感じ取ってもらえればと思います。

また、多くの先生方が現役の演奏家や舞台《ぶたい》芸術家、音楽の技術者であり、専門の技能のみならず音楽の世界で働く厳しさを学生に伝えています。学生は音楽を仕事にすることを目標にして、挑戦《ちょうせん》をくり返しながら学んでいます。演習や自主公演などを通じて、職業人としての自主性や協調性を学べるのも、この学部の特色です。

卒業後、念願の音楽の仕事に就いた人がいる一方、別の道にチェンジする人もたくさんいます。現実は厳しいですが、決して遠回りでも無駄《むだ》でもなく、真剣《しんけん》にプロをめざした経験と学び、人とのつながりを、新しい進路に活かす強さと柔軟《じゅうなん》さに変えています。なかには、いったん社会に出て働き、もう一度音楽をめざす人もいます。音楽学部は、正解のない未知の世界を自分らしく生きるための力を身につけられる学部なのかもしれません。

筆者自身、幼稚園《ようちえん》から中学校までピアノを習い、中学校の部活動と大学のサークルで合唱に夢中《むちゅう》になりました。音楽学部に行けるほどの力はありませんでしたが、音楽コンクールや演奏会をめざした仲間とは、社会に出てからも趣味《しゅみ》や仕事でつながり、大切な宝物です。また音楽をきっかけに西洋の美術や歴史、外国語へと興味が広がり、今は能楽や人形浄瑠璃《じょうるり》文楽《ぶんらく》といった日本の誇《ほこ》る世界文化遺産にも親しんでいます。芸術としての音楽は、外国の人びととの対話をも豊かにしてくれるのだと、大人になってようやく気づきました。これから音楽学部に進む若いみなさんなら、世界水準の高度な音楽の能力と素養を身につけ、多様性が進む国際社会で筆者よりももっと豊かに生きていけるはずです。

この本が、音楽が心から好きな人、音楽を通して社会の役に立ちたい人にとって、今の音楽学部を多面的に知るためのきっかけになればうれしく思います。

著者

音楽学部　目次

3章 音楽学部のキャンパスライフを教えてください

＊本書に登場する方々の所属・情報などは、取材時のものです。

1章

音楽学部は
どういう学部ですか？

Q1 音楽学部は何を学ぶところですか？

世界標準の演奏家に必要な技術と表現を学ぶ

日本《にほん》の近代の音楽教育のはじまりは、明治時代のはじめにさかのぼる。主にヨーロッパ諸国の伝統的な音楽を取り入れて研究と研鑽《けんさん》を重ね、また日本の音楽文化の歴史と伝統を大切にしながら演奏家や教育者、研究者を育成する音楽学校がつぎつぎと誕生《たんじょう》。現代の音楽大学・音楽学部もその流れを受け継《つ》いで、世界に通用する演奏家や表現者を育てることを第一目標としている。日本人演奏家の多くが国内の音楽学部で学び、海外留学を経てプロになっていることからも、音楽大学や音楽学部は大事な学びの場なんだよ。

また日本は、アジアのなかでも長年にわたってクラシック音楽の演奏家を生み出している屈指《くっし》の音楽国なんだ。卒業生は歴史ある欧米《おうべい》の演奏団体でも活躍《かつやく》したり、国際的な音楽コンクールで受賞したりしている。音楽学部出身の演奏家は、世界の芸術文化に大きな影《えい》響《きょう》を与《あた》えている国際人ともいえるんだ。

しかし演奏家といっても、西洋の古典的な音楽だけに限らない。デジタル系の現代音楽の世界でも、ミュージシャンや作曲家、サウンドクリエイター、さらには映像クリエイターなど音楽に関連する分野で活躍《かつやく》している人もいる。演奏と創造の両面で世界の音楽文化に貢献《こうけん》しているんだ。

音楽を軸《じく》に教育、ビジネス、外国語なども学べる

世界で活躍《かつやく》する演奏家が多いと、音楽学部はプロの音楽家を育てるための学部、才能と実力のある人向けの学部という印象をもつかもしれない。でもそれだけでなく、音楽と他領域の学問が融合《ゆうごう》し、社会の課題解決につながる多様な学びや研究もあるんだ。

音楽学部に関連する職業として、演奏家と並《なら》んでイメージされやすいのは学校の音楽教員だ。音楽学部には、中学校や高等学校の音楽教員をめざすためのコースや、幼稚園教諭《ようちえんきょうゆ》や子ども向けの音楽教室の講師、リトミックの指導員など幼児教育の専門職をめざすコースを設けているところがある。

また、音楽業界の新しいビジネスをつくる専攻《せんこう》・コースもある。音楽コンテンツやイベントの企画《きかく》立案、制作、マーケティングは、音楽以外のビジネスにも応用できるので、卒業後は幅広《はばひろ》い業界で商品・サービスの開発、販売《はんばい》、営業の仕事をめざすことができる。

さらに、音楽と地域の発展についても学べる。そして将来は国や公共団体の職員として、芸術活動の事業にたずさわるという道が開ける。

また、演奏家をめざす専攻《せんこう》・コースでは、外国語の勉強も欠かせない。西洋音楽の作品や作曲家を理解するには英語やドイツ語、イタリア語など、作品とゆかりのある外国語の技能が必要なんだ。音楽学部は外国人の先生に教わる機会も多いので、外国語によるコミュニケーション能力も自然に身につく。その力は、外国人とともに働く時に活かされるよ。

このように、音楽は現代社会のさまざまな課題に深く関連する学問であり、音楽の専門的な学びを応用する力も身につ

主な学部の系統別分類

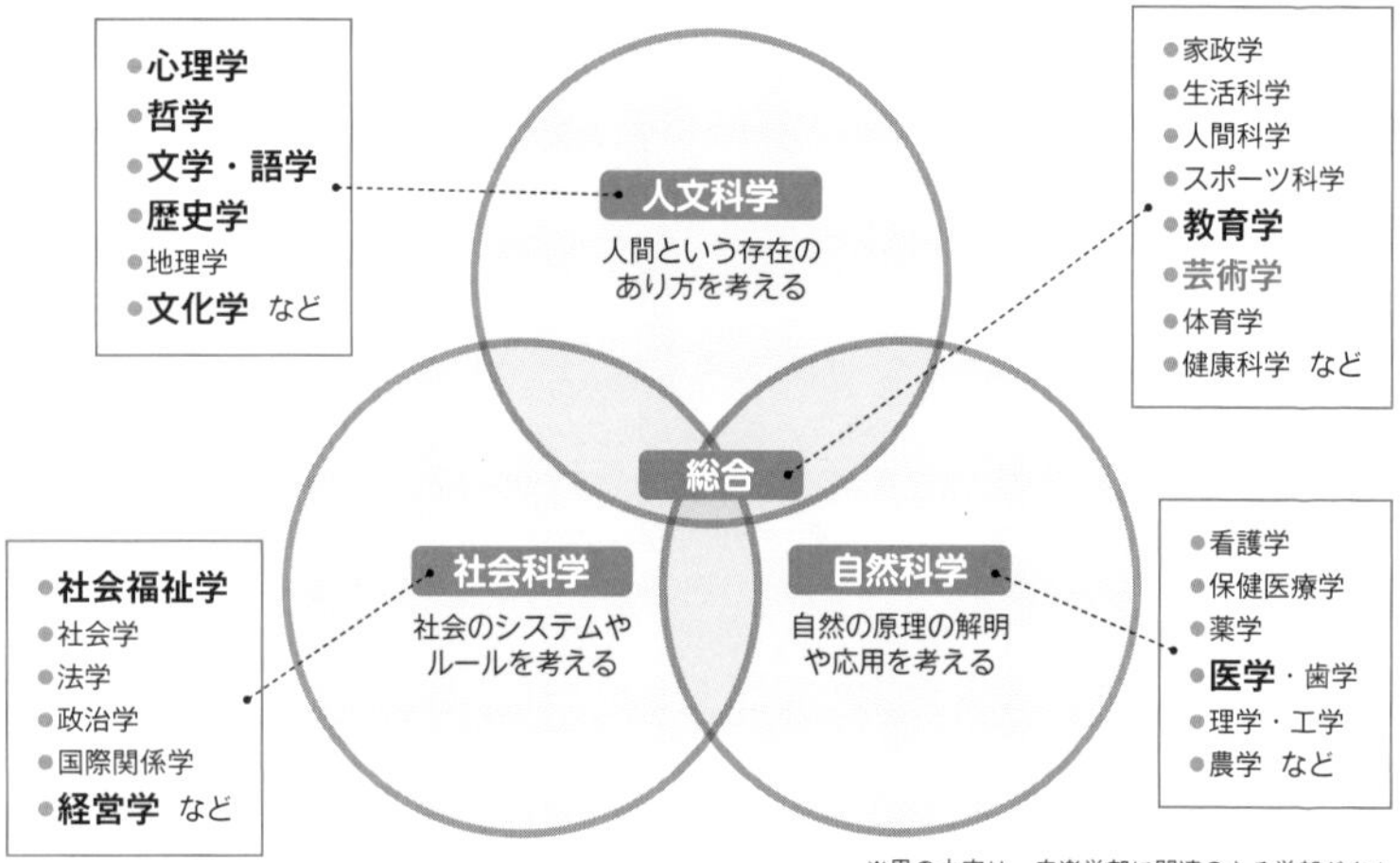

※黒の太字は、音楽学部に関連のある学部だよ！

く。そうすれば、卒業後の進路の可能性もぐんと広がる。4章で紹介《しょうかい》するけれど、音楽学部でめざせる職業は、演奏家や音楽教員だけではない。多様な進路があるんだ。

音楽を通して豊かな人間性と社会性を

音楽の技術や表現力の向上はもちろん、みずから目標を立てて選んだ専門分野に打ち込《こ》む積極性や自主性、計画を最後までやり抜《ぬ》く力、集団演奏を通した協調性など、自立した大人として、社会で生きるための姿勢や素養が身につくのも、音楽学部の大きな特色だ。実際、学生の人間形成を教育目標として掲《かか》げる音楽大学・音楽学部は多い。

また音楽学部では、音楽を通した地域活動にも積極的だ。みなさんのなかにも、学校の吹奏楽《すいそうがく》部や合唱部に入り、地域のお祭りや音楽イベント、スポーツの試合、福祉《ふくし》施設《しせつ》などで、演奏活動を経験している人もいるだろう。音楽学部でも、学外の演奏会や市民向けの音楽イベントで演奏したり教えたりすることもあり、社会経験のひとつになる。音楽を社会に活かす経験は、大学卒業後の生き方、働き方を見つける大きなヒントになるよ。

Q2

どんな人が集まってくる学部ですか？

音楽が好きな人、得意な人、学びたい人

音楽学部をめざす人に共通して言えるのは、「音楽が好きである」こと。音楽は幼稚園《ようちえん》や小学校から科目としてあり、学ぶことを明確にイメージしやすい。この本を手に取っている人は、度合いは違《ちが》えど「音楽が好き、得意」という人だろう。**音楽が好きという気持ちが強く、学びたいこともはっきりしている人たちとともに学べることは、音楽学部の大きな魅力《みりょく》だ。**

音楽学部をめざす人の目標は、大きく分けて二つある。ひとつは、子どもの頃《ころ》から演奏家をめざして楽器や声楽などの技術と表現をみがいていきたい人。もうひとつは、音楽教員をめざす人や、音楽・映像制作、演劇など音楽との関連が深い分野を学びたい人だ。

演奏家になりたい人、たとえばピアノやヴァイオリンなど器楽の演奏家をめざす人は、子どもの頃《ころ》からプロをめざして演奏に打ち込《こ》んでいるだろう。子どもの頃《ころ》から音楽の先生

に個人レッスンを受け、国内外の音楽コンクールを受ける、ジュニアオーケストラや少年少女合唱団で演奏活動を行っているなど、実践《じっせん》経験が豊富な人が多い。

吹奏楽《すいそうがく》や合唱のほかにも、小中高で軽音楽、演劇、アニメや映像制作など、音楽と関連する部活動やクラブに入っている人もいるだろう。学校ではなくても、SNS（ソーシャルネットワーキングサービス）を使って個人で演奏を発表するなど積極的な人も多い。

目上の人や外国人と接することに臆《おく》さない人

吹奏楽《すいそうがく》部や合唱部など音楽系の部活動やクラブに入っている人は、顧問《こもん》の先生や部活動の先輩《せんぱい》からさまざまな指導を受けているよね。成長をほめてくれたり、失敗を叱《しか》ってくれたりするたびに、感謝の心が生まれると思う。**自分を指導し育ててくれる人を敬い、支えてくれる人に感謝する心は、多様性の時代を生きていく上でとても大切**で、その考え方は世界共通であり、社会に出てからもプラスになるに違《ちが》いない。特に演奏家をめざす学生は、外国で学び、演奏経験を高めることの大切さを実感するだろう。外国で学ぶことはあたりまえだし、在学中から海外の音楽家の指導を受けている人もいる。

演奏家でもある国内外の先生とのレッスンは、世界の中で日本人として生きていくための心構えや、やりたいことを考えるきっかけにもなる。机上で外国語や異文化を勉強するだけでは得られない貴重な経験であり、音楽学部生の強みなんだ。

音楽を通して社会の役に立ちたい人

音楽学部に進む人は、音楽を通して誰《だれ》かの役に立ちたい、喜んでほしいという思いをもつ人が多い。中学校や高校の吹奏楽《すいそうがく》部やブラスバンド部で、ボランティアとして地域のお祭りや社会福祉《ふくし》施設《しせつ》などで演奏したことがある人はいるかな？　自分の演奏を学校外で喜んでもらえた経験が進学のきっかけになり、プロになりたいという思いを強めた人もいる。自分の歌や楽器、ダンスなどの音楽パフォーマンスをSNSや動画配信サービスに投稿《とうこう》している人であれば、動画を見た人からほめられたり、喜んでもらえたりしたことはないだろうか。海外の音楽ファンとつながっている人であれば、音楽学部で音楽と外国語の両方をきわめることで、世界で活躍《かつやく》するミュージシャンをめざすことだって夢《ゆめ》ではない。

実際、海外の人気音楽グループのメンバーのプロフィールを見ると、欧米《おうべい》に限らずアジアや南米など出身地が多様だ。ソロで活躍《かつやく》するミュージシャンも、国や人種を超《こ》えてコラボ作品を生み出し、つぎつぎとヒットさせている。海外のアーティストといっしょに世界の音楽文化をつくっていくこともできるんだ。

コミュニケーション力に不安な人も学べる

みなさんのなかには、「音楽は好きだけど人と接するのが苦手」、「一人で演奏したり聴《き》いたりするのは好き。でも、音楽学部に入ってなじめるのか不安」など、コミュニケーションに不安を感じている人がいるかもしれない。しかし、音楽が好きという思いは、音楽学部のどの学生も先生も同じ。失敗を恐れず、好きな音楽を通して積極的に話していこう。また**音楽学部は、先生の個人レッスンやグループでの演習が豊富で、ほかの専攻《せんこう》・コースとの交流も活発だ**。だから、コミュニケーション力が自然と身につく機会が多いよ。

音楽以外の道に進むにしても、ほかの人との協調性、他人を理解する姿勢は必要だ。誰《だれ》かを助ける、助けてもらう経験によって得られることだし、多様性の社会を生きる上でも必要なスキルだ。それに、ことばに自信がなくても、音楽なら国や人種を超《こ》えて人の気持ちを動かし、共感し合うことができる。音楽には一人の人間を社会で自立させる力もあるんだ。

音楽のプロをめざす人、音楽をとにかく学びたい人が集まる

Q3 学んだことを社会でどう活かせますか？

音楽、芸術、メディアなど多様な分野で貢献《こうけん》

音楽学部は、演奏や制作など音楽分野の専門知識・技術、演奏家や表現者としての感性をみがくことができる学部だ。だから、演奏家や学校の音楽教員という音楽に特化した専門職のほか、芸能、メディア、舞台《ぶたい》芸術など、音楽と関連の深い業種に直結している。**音楽、芸術、教育、メディアなど、さまざまな職業に就き、その分野の専門家として活躍《かつやく》することができる。**

また音楽学部の学生は、学んだことを地域社会に活かすことにも熱心だ。たとえば、器楽や声楽など演奏家をめざす専攻《せんこう》・コースの学生は（大学院生に多い）、国内の交響楽団《こうきょうがくだん》のエキストラ奏者として出演、市民合唱団のソリストなどとして積極的に参加している。ポップミュージックやミュージカル、演劇の専攻《せんこう》・コースの学生なら、ライブやコンサートの自主公演を行ったり、音楽制作会社などと契約《けいやく》して芸能活動にたずさわったりする人

もいるよ。

このように、学部での学びとめざす職業、活躍《かつやく》の場である実社会が結びつき、学びながらプロの世界を経験できるのは、音楽学部の強みといえるだろう。

また音楽は、環境《かんきょう》問題や自然災害、人権など、さまざまな社会問題ともつながりが深い。音楽を通して募金《ぼきん》活動や広報・普及《ふきゅう》活動に力を入れている世界中のアーティストやクリエイターが集まるチャリティーコンサートもあるよね。音楽は、世界共通の社会問題に目を向け、人びとが行動するきっかけをつくる役割も担っているんだ。

ほかの人と協力し合って物事に取り組む

音楽学部で学ぶ専門知識や技術だけではなく、**人間性も社会のさまざまな場面で活かすことができる。**

どの専攻《せんこう》・コースでも、専任教員による個別指導やグループによる演習・実技の時間が多く、さらには学内外での音楽活動もさかんだ。音楽を人といっしょに学び、ひとつの作品をつくる経験を通して、協調性や積極性を養うことができる。また、市民向けの音楽イベント、子どもや高齢者《こうれいしゃ》に音楽を教えるなど、市民と接する機会が多いため、物事を人に伝える力も身につくよ。

音楽学部は外国語教育にも力を入れていて、音楽の専門科目にも外国人の教員がいる。だから、外国語の「聞く・話す・読む・書く」の基本的な4技能に加えて、音楽を職業とする上で必要な実践的《じっせんてき》な外国語能力も身につけることができる。国内外のオーケストラの楽団員になれば、外国人の演奏家との対話に必要だし、デジタル音楽の世界でも海外のアーティストと交流し、仕事をする上で十分に活かされる。

このように、人とのかかわりが多い音楽学部での学びと経験は、卒業後にどのような職業に就いたとしても、人間関係をつくる上で大変役立つはずだ。会社など組織の一員として働くとしても、同僚《どうりょう》や上司とのコミュニケーションに活かせるし、意見の異なる人びととプロジェクトをやり切ることもできる。もし自分が会社での先輩《せんぱい》、上司になったら、音楽学部で出会った先生の教え方を応用することもできるだろう。

学び続ける姿勢を不確かな社会で生きる力に変える

4章でくわしく紹介《しょうかい》するけれど、音楽学部の学びと音楽関係の職業を通した社会との結びつきは、みなさんが想像している以上に幅広《はばひろ》くて奥深《おくぶか》い。だから、みなさんの音楽の学び方、考え方次第《しだい》で、将来の職業や生き方の可能性を無限に広げることができるんだ。

音楽学部の教員の多くが、現役の演奏家や音楽クリエイターなど、第一線で活躍《かつやく》しているプロだ。学生を日々教育しながら、みずからの演奏技術と表現もみがいている。

同時に、新しいことを学ぶために、先生たちは余念がない。医療《いりょう》やデジタルなど、世界ではさまざまな領域で技術革新が進み、多様な価値観が生まれ、各国のつながりやルールが大きく変わりつつある。それは音楽の世界にも影響《えいきょう》していて、先生もその新しい動きをみずからの音楽活動に取り入れている。先生も学生と同じように常に新しいことを学び、音楽を探究しているんだ。その学び続ける姿勢と方法を、音楽学部の学生たちは個人レッスンなどを通して自然に吸収し、生きる道を見つけるための武器にしている。

音楽の専門性と豊かな人間性が結びつき、社会で生きる上で役立つ

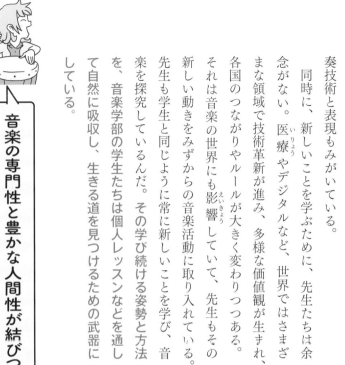

2章

音楽学部では
どんなことを学びますか？

Q4 音楽学部には主にどんな専攻・コースがありますか？

演奏家の養成と音楽の関連分野に大きく分かれる

音楽学部に設けられている学科や専攻《せんこう》・コースの分かれ方をみてみよう。

学科の分かれ方については、器楽や声楽など学科そのものがいくつかに分かれているところもあれば、音楽の演奏家の養成をめざす学科（演奏学科、音楽学科など）と、演奏以外の分野を学ぶ学科（音楽総合学科、音楽芸術文化学科など）の2学科に分かれているところも。学科のなかで、さらに専攻《せんこう》・コースが細かく設けられていることも多い。

演奏家を養成する学科、専攻《せんこう》・コースでは、弦《げん》楽器や管楽器、打楽器などの器楽、声楽、作曲、指揮など、演奏の種類によって分かれていることが多い。雅楽や日本舞踊《ぶよう》など日本の古典音楽である邦楽《ほうがく》、海外の民族音楽を学べる科目やコースもある。

また音楽の学校教員を養成する音楽教育系、ポップミュージックやロックなど現代音楽の演奏やプロデュースについて学ぶ現代音楽系、ミュージカルやバレエ、演劇など舞台《ぶたい》で

の演者やプロデュースを学ぶ舞台《ぶたい》芸術系、音楽と人間、社会などほかの学問と融合《ゆうごう》した音楽学、音楽ビジネスなどを学ぶ音楽総合系など、いろいろある。

ほかの学部で音楽の関連分野を学べる場合も

音楽学部で学ぶ内容を、ほかの学部でも学べる場合があるよ。

たとえば学校の音楽教員をめざすなら、教員養成系の大学や教育学部の音楽教員を養成するコースがある。幼稚園教諭《ようちえんきょうゆ》に興味がある人は、教育や体育、健康科学、社会福祉《ふくし》、家政系のいくつかの大学・学部にも、幼児教育を学べる学科・コースが設けられている。音楽が得意で好き、子どもの教育にかかわりたいという人は、このような学部に注目してみるのもいいだろう。

演劇やミュージカルなど舞台《ぶたい》での演者になりたい人は、一部の芸術、体育、リベラルアーツ系の大学や学部に、舞踊《ぶよう》や演劇など舞台《ぶたい》芸術にかかわる学科・コースがある。音響《おんきょう》やデジタル音楽の制作を学びたい人は、芸術、工学系の学科・コースでも学べる。

音楽学部で自分らしい学び方と将来の目標を見つけよう

音楽学部とそれに付随《ふずい》する学科・コースについてまとめてみたけれど、入試の時点で学科や専攻《せんこう》をひとつに選んだからといって、4年間そこでしか学べないわけではないんだ。大学によっては、1、2年次に幅《はば》**広《ひろ》く学んで3年次以降に専攻《せんこう》を絞《しぼ》ることができたり、主専攻《せんこう》（メイン）と副専攻《せんこう》（サブ）の2専攻《せんこう》制だったりするところがある。**入学前にやりたい音楽を絞《しぼ》り切れなくても、途中《とちゅう》で決められるところも多い。これはほかの総合大学、学部でも同じだね。

たとえば、主専攻《せんこう》をコンピュータ音楽にして、サブにジャズの専攻《せんこう》を選ぶとしよう。主専攻《せんこう》でプログラミング言語などを学んで音楽配信のスマートフォンアプリを開発し、副専攻《せんこう》で同じ学生とジャズのライブを開いて演奏を収録し、自分が

音楽学部にある主な学科・専攻・コース

演奏のプロをめざす学科・専攻・コース
- 器楽専攻
- 弦楽器専攻
- 管楽器専攻
- 古楽器専攻
- ピアノ専攻
- 声楽専攻
- 作曲専攻
- 指揮専攻
- 打楽器コース　など

音楽教育・福祉を学ぶ学科・専攻・コース
- 音楽教育コース
- 音楽文化教育専攻
- 音楽療法専攻
- ピアノ指導者コース　など

現代音楽・舞台芸術を学ぶ学科・専攻・コース
- ジャズ・ポピュラーコース
- ミュージカルコース
- ダンスコース・バレエコース　など

音響・音楽メディアを学ぶ学科・専攻・コース
- 音響・音楽デザインコース
- サウンドプロデュースコース　など

ほかの学問と融合した学科・専攻・コース
- 音楽学コース
- 音楽総合コース　など

社会で音楽を活かせる専攻《せんこう》・コースがある

つくったアプリで配信してみる。やってみようと思えば、このように専門的で厚みのある学びが実現するし、将来、音楽以外の仕事にも応用できる。

今の多くの音楽学部では、音楽を専門としながら社会の多方面に活かせる学びが充実《じゅうじつ》しているよ。でも、これだけいろいろなことが学べて、学科や専攻《せんこう》・コースがたくさん分かれていると、結局、何を選べばいいか悩《なや》んでしまうよね。でも安心してほしい。4年間の学びの目標と計画の立て方は、学部の先生やキャリアセンター、学習支援《しえん》センターなど相談できる窓口がたくさんあるよ。進学説明会やオープンキャンパス、大学のオンライン相談でも、積極的に質問してみよう。学部の先輩《せんぱい》が実際どの科目を選び、将来の仕事に活かしているかヒントがもらえるよ。

いろいろな偏見《へんけん》や思い込《こ》みにとらわれず、まずは今、音楽学部で学べることを自分の目で確かめてほしい。そして、自分がやってみたいこと、できること、将来のプラスになる学びを見つけよう。

Q5 器楽系の専攻・コースでは何を学びますか？

演奏家に必要な技術と表現をみがき世界をめざす

国内外で活躍《かつやく》する西洋音楽の演奏家や、学校や市民向け教室などでの音楽の教育者を育てるための専攻《せんこう》・コース。弦《げん》楽器専攻《せんこう》、打楽器専攻《せんこう》、鍵盤《けんばん》楽器専攻《せんこう》、古楽器専攻《せんこう》など、楽器の種類で分かれていることが多い。ピアノ専攻《せんこう》やオルガン専攻《せんこう》など、特定の楽器が独立していることがあり、さらにピアノの演奏家を養成するためのコースと音楽教育者を養成するコースなど、進路別のコースを設けている大学もある。特に演奏家を養成する専攻《せんこう》では、ピアノ演奏の基本技術を学ぶ科目が必修または選択《せんたく》必修になっている。

担当教員との個人実技レッスンが中心

専攻《せんこう》・コースの基礎《きそ》教育は、ソルフェージュ（56ページ参照）や和声、西洋音楽史などの基礎《きそ》科目、原語の楽譜《がくふ》や文献《ぶんけん》を精読し研究に活かす外国語科目、教養科目など幅広《はばひろ》い。

個人実技レッスンを軸《じく》に世界に通用する演奏家をめざす

実技は1年次から始まり、自分の学びの目標に合う担当教員との一対一のレッスンが中心だ。作品の様式、和声の研究、作品の歴史的背景など音楽解釈《かいしゃく》のための授業も多い。

個人レッスンの時間は週1コマまたは2コマ。初年次では複数の楽器を選べる、複数の教員から指導を受けられるなど、実技は大学によって異なる。そして大学院進学や海外留学、国内外の音楽コンクールなど、将来設計を視野に入れて学びを段階的に深めていく。

マスタークラスや学内外での演奏で高みをめざす

多くの大学では、国内外の演奏家や指導者を招いたカリキュラム「マスタークラス（特別講座）」が設けられている。なかには成績優秀《ゆうしゅう》者やオーディションの合格者など、選抜《せんばつ》制の講座がある。そのほか楽器や専攻《せんこう》別のワークショップも活発だ。また、独奏や二重奏、室内楽など多様な演奏形態を学ぶために、大学独自のオーケストラや室内楽団、合唱団での演奏、さらには海外の音楽学校との合同演奏会など、グローバルな音楽教育を経験する。

西洋音楽の総合芸術とされるオペラ公演を経験できる大学もある。

Q6

声楽系の専攻・コースでは何を学びますか？

担当教員による個人実技レッスンが中心

文字通り声楽を専門とする専攻《せんこう》・コースで、器楽系と同じように主に国内外で活躍《かつやく》する西洋音楽の声楽家、音楽の教育者の育成をめざしている。人間の体そのものを楽器としており、声と体全体を使って表現するための高い技能と深い人間性を養っていく。声楽を学べるほとんどの大学では声楽科、声楽専攻《せんこう》、声楽コースという名称《めいしょう》なので、声楽を学びたい人にはこれから行きたい大学を探しやすいだろう。また演奏家養成に力を入れている大学では、ピアノ演奏の実技科目が必修または選択《せんたく》必修になっている。

この専攻《せんこう》・コースでも、4年間のカリキュラムの中心は、週1コマまたは2コマの担当教員との個人実技レッスンだ。声域や声の質は学生一人ひとり異なるので、教員は学生の個性を見極め、声楽家としての能力と可能性を伸《の》ばしている。発声、発音、歌唱の表現を基礎《きそ》から学ぶ。さらに、古楽（西洋中世、ルネッサンス・バロック時代の音楽）とオペラ

では発声や表現法がかなり異なるように、作品の時代や楽派の特徴《とくちょう》をそれぞれよく理解し演じ分ける力も求められる。

声楽では、独特の舞台《ぶたい》発音法「ディクション」も学ぶ。イタリア語やドイツ語、フランス語などの多言語で、作品に即《そく》したディクションを学び、声楽家としての歌唱力、歌詞の解釈《かいしゃく》、さらには舞台《ぶたい》で観客をひきつける振《ふ》る舞《ま》いや演技を学んでいく。

アンサンブルやマスタークラスなど実践《じっせん》の場も豊富

器楽と同じように、**他専攻《せんこう》の学生との合同演奏、学内外のオーケストラや管弦楽団《かんげんがくだん》や合唱団の出演など実践《じっせん》経験の場が豊富だ。**国内外の著名な演奏家、声楽家によるマスタークラス（特別講座）や音楽コンクールは、声楽専攻《せんこう》の学生の実践《じっせん》と成長の場になっていて、オペラの専門科目や公演を経験できる大学もある。演奏家をめざす人は卒業後、大学院進学や海外留学などでさらに学びを深めるとともに、大学在学中から音楽の原典の精読と解《かい》釈《しゃく》、論文作成など、より高度な外国語能力も高めていく。

西洋音楽の多様な歌唱法を学び演奏家や教育者をめざす

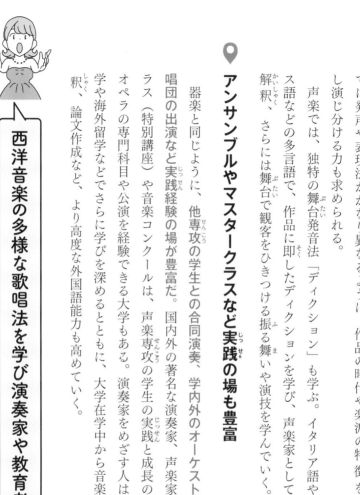

Q7

作曲・指揮系の専攻・コースでは何を学びますか？

西洋音楽の楽曲を研究し作品づくりを学ぶ

音楽の伝統技法を学び、声楽や室内楽、管弦楽《かんげんがく》、現代の商業音楽など多様な分野の楽曲を創作する。学科・専攻《せんこう》は、作曲科、作曲専攻《せんこう》、作曲コースなど「作曲」と明記されているのが一般的《いっぱんてき》。また、専攻《せんこう》の中に複数のコースを設置している大学がある。

西洋音楽の各時代、作曲家の楽曲や技法を研究し、またソルフェージュや外国語科目といった西洋音楽の基礎《きそ》科目も履修《りしゅう》する。作曲の技法は実技と演習を通して学び、加えて器楽や声楽の実技科目を選び、制作した楽曲を自分で表現する技術も身につける。

指導教員は現役の音楽家も多く、国内外の著名な作曲家や演奏家による特別講座で学びを深めることができる。つくった作品は、他専攻《せんこう》の学生の協力によって行われる試演会や学内のオーケストラや室内楽、合唱団などで演奏、発表される。ジャズ、ロック、ポップスなどの現代音楽、ＣＭ、さらには映像作品の特殊音《とくしゅおん》や各種商品・サービスで用いる電子音など、音楽の多様な分野と音の世界をつくるプロフェッショナルを育成する大学もある。

主に西洋音楽の指揮者を養成する専攻《せんこう》・コース

西洋音楽の演奏指揮者を育成する指揮系の専攻《せんこう》・コースを設けている大学は全国的に見て少なく、名称《めいしょう》は指揮科、指揮専攻《せんこう》、指揮コースなどほかに比べてわかりやすい。

この専攻《せんこう》・コースでは、**国内外で活躍《かつやく》する指揮者の養成を第一目標にしていて、指揮の音楽対象はオーケストラやオペラ、バレエ、室内楽、合唱曲など幅広《はばひろ》い**。吹奏楽《すいそうがく》の指揮者を育成するコースもある。

専門教育や研究の内容は、ソルフェージュや音楽理論、楽曲研究の基礎《きそ》力となる文学や歴史、宗教などの教養科目などがあり、みずからの音楽性を深めていく。指揮の専門知識や技術は大学の担当教員による実技を中心に修得し、定期試験や卒業時に学内での演奏会や卒業演奏会で発表する。ほかにも国内外の著名な指揮者を招いたマスタークラスやワークショップなど、通常の実技科目以外にも技術表現を高められる場が多い。

古典から現代まで多様な作曲技法、西洋音楽の指揮法を学ぶ

Q8 音楽教育系の専攻・コースでは何を学びますか？

多様な音楽を学び音楽教員をめざす

中学校や高校の音楽の教職課程とは別に音楽学部では、音楽教育系の専攻《せんこう》・コースを設けている。音楽の先生をめざす人向けのコースで1、2年次はピアノや歌唱、リトミック、合唱など音楽演奏や表現の基礎《きそ》を学び、3年次以降は自分の学習・研究課題に合う科目を履修《りしゅう》する。演習や実習も多様で、ピアノ実技やアンサンブル（合奏）演習のほか、楽器や歌唱、和楽器、世界の民族音楽などをテーマにした授業づくりを学べる。地域の学校で、部活動などの音楽指導を経験できる大学もある。また、現代音楽も学びの範囲《はんい》で、ポピュラー音楽やコンピュータ音楽の知識や演奏技術も身につく。音楽の先生は西洋音楽の教育指導だけではなく、今の音楽文化をよく理解し、生徒に音楽の魅力《みりょく》と大切さを教えている。

音楽教室の講師など地域の音楽指導者になる

音楽教員や音楽療法士《りょうほうし》など教育や福祉《ふくし》の専門職をめざせる

「ピアノ指導者コース」など、主に地域の音楽教室の指導者を育成する専攻《せんこう》・コースもある。子どもから大人まで幅広《はばひろ》い受講者を教えることができるように、楽器や歌唱の演奏技術を高めながら、指導方法や指導教材の研究など、さまざまな専門科目がある。音楽教室などのインターンシップやピアノ技能にかかわる資格取得のための講座など、就職に直結する科目も多い。

医療《いりょう》、教育、福祉《ふくし》分野で働く音楽療法士《りょうほうし》をめざす

音楽療法士《りょうほうし》は、子どもや高齢《こうれい》者、障碍《しょうがい》者の心理や健康生活のための支援《しえん》にかかわる音楽療法《りょうほう》の専門職だ。仕事に就くには音楽療法士《りょうほうし》の資格が必要だ。

この専攻《せんこう》では、歌唱や楽器演奏などの音楽技法を学びながら、心理や医療《いりょう》、社会福祉《ふくし》など関連科目を幅広《はばひろ》く学ぶ。また、医療《いりょう》施設《しせつ》や介護《かいご》施設《しせつ》、特別支援《しえん》学校など学外実習もたくさん経験でき、なかには社会福祉《ふくし》主事（任用資格※自治体の職員の資格で、福祉《ふくし》施設《しせつ》などに配属される時に求められる）の取得もめざせるところもある。

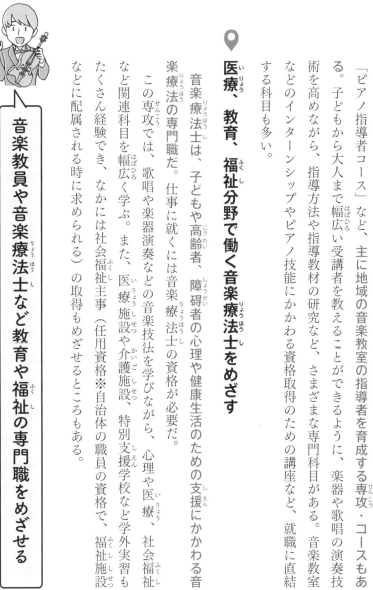

Q9

ジャズ・ポップ系の専攻・コースでは何を学びますか？

ジャズ、ポップス、ロックなど現代音楽のプロをめざす

音楽学部では、歴史的な西洋音楽の器楽や声楽のほかに、20世紀以降に生まれた音楽分野の演奏や創作を幅広《はばひろ》く学べるところもある。専攻《せんこう》やコースの名称《めいしょう》は、ジャズ、ポップミュージック、ロックなど、学びの対象となるジャンルを示している場合が多いので、どのジャンルの現代音楽を学べるかがわかりやすいだろう。

楽器や歌唱の技術、表現は、1年次から個人とグループでの実技レッスン、アンサンブルなどさまざまな実践《じっせん》を通して基礎《きそ》から身につける。そのほか作曲や編曲、レコーディング、動画撮影《さつえい》や編集、ライブパフォーマンスなど演奏以外の科目も履修《りしゅう》でき、楽曲や音源をみずからつくり、さまざまな演奏の場で自分らしい音楽表現を探っていく。

この専攻《せんこう》・コースでは卒業までに学内外でライブやコンサートを多く経験でき、ライブでのパフォーマンス能力を実践《じっせん》の中でみがき、観客に伝える力を高める。スタジオやホー

ル、レコーディングスタジオは最新設備が整っているので、プロと同じ音楽環境《かんきょう》で学ぶことができるのも大きな特色だ。
個性と技術を効果的にアピールするセルフプロデュースのスキルも大切。パフォーマンスを撮影《さつえい》してSNSなどで効果的に動画配信するための方法を学ぶ科目もある。公開した動画が目に留まり、デビューが決まることもある。

音楽の流行をとらえながら個性と音楽性をつくる

担当教員や外部講師は現役のミュージシャンや音楽クリエイターが多い。今の時代に求められる高度な演奏技術と表現力を担当の指導教員のもとでみがいていく。個人またはグループの実技レッスンが重要なところは、器楽や声楽の専攻《せんこう》・コースと同じだ。

学んだことが仕事に直結し、実力とタイミングが不可欠な職業であるため、在学中から音楽制作会社や芸能プロダクションなどのオーディションを受けて、デビューをめざす学生もいる。

現代音楽の各分野の演奏力を養い、プロをめざす

Q10

舞台芸術系の専攻・コースでは何を学びますか？

ダンスやミュージカル、バレエなど舞台《ぶたい》の演者をめざす

ダンスやミュージカル、バレエといった音楽、身体、言語の三つの表現分野を必要とする舞台《ぶたい》芸術系の専攻《せんこう》・コースがあるのも、音楽学部の大きな特色だ。専攻《せんこう》・コースの名《めい》称《しょう》も「ダンスコース」など学べる分野がはっきり示されている。特に学べるダンスは、ジャズダンス、タップダンス、ストリートダンス、コンテンポラリーダンス、バレエ、フラメンコ、日本舞踊《ぶよう》などとても幅広《はばひろ》い。新たにオリンピック種目となった「ブレイキン」を学べる大学もある。

学びのステップは、1年次に音楽理論などの基礎《きそ》知識、技術を学び、2年次以降、自分の将来の進路に合わせて歌唱やダンス、ステージパフォーマンスを個人とグループの実技、演習で身につけていく。

舞《ぶ》台《たい》を数多く経験し海外で学ぶチャンスもある

ほかにも視野を広げ経験値を上げる学びとして、各分野の現役のダンサーや舞踊家《ぶようか》による特別講座や、数多く経験できる舞台《ぶたい》公演がある。

多くの大学では最新設備をそろえたホールやスタジオをもっていて、学生は年間を通して多数の公演を経験できる。学内公演では、ほかの専攻《せんこう》・コースの学生と協力してステージの企画《きかく》・運営からパフォーマンスまで経験することができ、学外での舞台《ぶたい》でエキストラとして作品に参加してプロの世界を肌《はだ》で感じることもできる。学内の高度な機材や設備を使った音源づくりや、自分の演技を動画で撮影《さつえい》してSNSなどで公開する技術、セルフプロデュースの方法も学べる。

海外での研修や短期留学もあり、アメリカやヨーロッパの劇場の見学、現地の指導者によるレッスンなど、現代の舞台《ぶたい》芸術、芸能に求められる能力を体験的に学べるのも魅力《みりょく》だ。

ミュージカルやバレエなど舞台《ぶたい》の演技者をめざせる

Q11 音響・音楽メディア系の専攻・コースでは何を学びますか？

映像や舞台《ぶたい》、イベントで音を操り演出する技術

音楽学部では、現代音楽のさまざまな分野で活躍《かつやく》する専門職をめざせる専攻《せんこう》・コースもそろっている。主にデジタル系の音楽づくりにかかわる分野で、選択《せんたく》科目やカリキュラム、特別講座の種類や数も多く、自分の専攻《せんこう》以外の科目も必要に応じて選びやすい。

映像や舞台《ぶたい》での音楽・音の創作、調整、演出の技術を学べる専攻《せんこう》・コースでは、音のボリュームやバランスなどを調整する機器の操作、ステージでの設置などを手がける音響《おんきょう》エンジニア（PA、ミキサー）を育成している。音楽や音源を収録するレコーディングエンジニア、舞台《ぶたい》や映像、電気機器などの音をつくるクリエイターもめざせる。音楽制作にかかわる専門技術をみがいていく。

あらゆる音楽の作編曲、映像、Web制作を学ぶ

音響《おんきょう》の技術、音楽コンテンツの制作を幅《はば》広《ひろ》く学べる

音楽メディア系は、ポップスやロック、アニメ、ボーカロイドなど現代のデジタル音楽や映像をつくる技術を学べる専攻《せんこう》・コースがあり、舞台《ぶたい》や映像で用いられる音楽作品、効果音などの音づくりの技術を学ぶ。楽曲づくりの範囲《はんい》はポップス、ロック、ゲーム音楽、ＥＤＭ（エレクトロニック・ダンス・ミュージック）、ＣＭなど幅広《はばひろ》く、商業施設《しせつ》や電子機器など社会の中で用いられる音づくりにもかかわる。専門科目では各分野で活躍《かつやく》するプロが講師として学生を指導している。音楽・映像づくりのための最新機器もそろっていて、自習の時にも活用できる。ほかにもプロジェクトマッピングといった映像演出技術を学べる大学もある。音楽学部で専門的に学べる作編曲とは分野は異なるが、音楽の基礎《きそ》知識と技術が土台になり、新しい音づくりに応用できる。

音楽学部で音響《おんきょう》や音楽制作を学ぶメリットは、音響《おんきょう》や音楽制作を専門的に学びながら楽器演奏や歌唱、ダンスなど、演じるための科目も学べること。学内に演奏や舞台《ぶたい》芸術の表現者をめざす学生がいて、いっしょにステージづくりも経験できる。大学４年間で、自分の専門分野を深掘《ふかぼ》りしながら、学びの幅《はば》を広げられるはずだ。

Q12

音楽総合系の専攻・コースでは何を学びますか？

音楽の学際的な分野「音楽学」

大学としては数少ないが、音楽を文学や哲学《てつがく》、歴史学、社会学、工学、数学などさまざまな学問と融合《ゆうごう》して研究する「音楽学」の専攻《せんこう》・コースがある。

4年間の学びのステップは、基本的に人文・社会科学系の学部と同じだ。1、2年次は、音楽学の基礎《きそ》知識と研究方法を学びながら、楽典研究、西洋音楽史などの音楽分野、さらには基礎《きそ》教養科目を幅広《はばひろ》く学ぶ。3年次からは演習（ゼミ）中心で学生の研究課題に取り組み、プレゼンテーションやディスカッションを通して深めていく。4年次に教員の指導を受けながら研究の集大成を卒業論文としてまとめる。

日本の伝統芸能を受け継《つ》ぐ邦楽《ほうがく》

開設している大学は少ないが、日本の伝統的な音楽・芸能である邦楽《ほうがく》を専門とする専《せん》攻《こう》・コースもある。学生のなかには伝統芸能を受け継《つ》ぐ演奏者や舞台《ぶたい》表現者（和笛、太鼓《たいこ》奏者、能楽師、日本舞踊《ぶよう》家など）をめざしている人も少なくない。音楽分野の古典の研究と作品解釈《かいしゃく》、演奏理論と実技を段階的に習得。あわせて西洋音楽の基礎《きそ》理論と実技を学ぶことで教養を深める。そして、第一線で活躍《かつやく》する各分野の演奏家、教育者をめざす。

音楽ビジネスや教養系の専攻《せんこう》・コースもある

「音楽マネジメントコース」など、現代の音楽ビジネスをつくる経営・ビジネス系の専《せん》攻《こう》・コースがある。楽曲やライブ、コンサート、舞台《ぶたい》など音楽コンテンツの企画《きかく》・制作、運営に必要な経営・ビジネスの理論と実践《じっせん》を学ぶ。インターンシップや学内の演奏会・ライブを通して企画《きかく》、制作、収益化のプロセスを実践的《じっせんてき》に学ぶことで、音楽以外の業界でも応用できるビジネス能力を身につける。また、音楽と国際教育が結びついた専攻《せんこう》・コースも誕生《たんじょう》している。専門の音楽と英語、教養を幅広《はばひろ》く身につけることができ、音楽以外の仕事をめざすことができる。海外留学を視野に入れた演奏家をめざす学生も学んでいる。

音楽学、邦《ほう》楽《がく》、ビジネスなど音楽の学際・応用分野も学べる

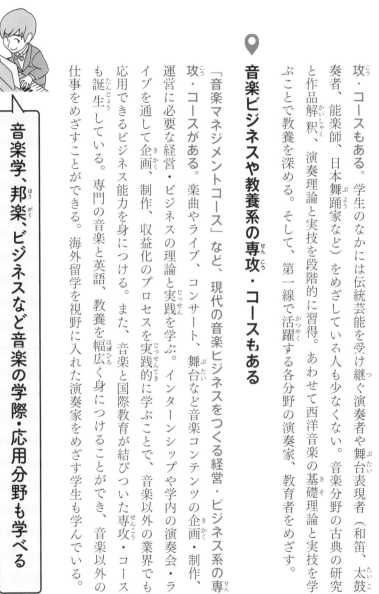

Q13 音楽学部と結びつきやすい学問ジャンルはなんですか？

ほとんどの学問分野が音楽と結びつく

文理選択《せんたく》を考えている高校生なら、「音楽学部は文系？ それとも理系？」と疑問に思うかもしれない。合唱部の人なら、歌いながら「国語？ 言語学とか？」と、ことばにかかわる学びを思い浮《う》かべるだろう。ギターを弾《ひ》いている人なら、コードを読んで「数学？」と思うかな？ 答えはどちらも正解。Q23（かかわりの深い教科）でもふれるけど、大学で学べるほとんどの学問分野が、音楽にもつながっているといっていいだろう。

たとえば西洋音楽の演奏家をめざす人なら、作曲家やその作品が生まれた背景にある歴史や文化、哲学《てつがく》、宗教を学び、作品を深く広く理解していくことが必要だ。声楽を専攻《せんこう》する人なら、作品の原語の正しい発声と豊かな表現力を身につけていくために、外国語の勉強は必須《ひっす》だ。特に中世のキリスト教音楽であれば、同じ時代の美術とも深くかかわる。邦《ほう》楽《がく》も同じで、作品そのものが日本の古典や歴史、文化と結びついている。中国《ちゅうごく》の伝説や

物語を扱《あつか》った作品も多いから、中国の歴史や文化も学ぶことになるね。

音楽は教育にも深く結びついている。学校で生徒に教えるためだけではなく、音楽が人びとの意識と行動にどう影響《えいきょう》を与《あた》えるかなど、音楽と人間、音楽と社会という研究領域もある。心理的な支援《しえん》を行う音楽療法《りょうほう》は、医療《いりょう》や福祉《ふくし》とも関連している。

現代音楽では理工系分野の学びも必要

特に現代の商業音楽では、数学や物理学、情報工学など自然科学系とも深く結びつく。音響《おんきょう》やデジタル音楽の楽曲制作には関連するコンピュータやソフトの操作技術、応用力が必要になる。演奏家やミュージシャン、ダンサーをめざす人なら、演奏やパフォーマンスを動画撮影《さつえい》して、インターネットで公開することはふつうに行う。演者みずから発信する時代になっているんだね。意外なところでは、生物や農学ともつながっている。製造の途《と》中《ちゅう》で音楽を聴《き》かせていい味にしたという日本酒が生まれたり、犬や猫《ねこ》などのペットの心を落ち着かせる音楽が開発されたりしている。音楽の社会的な役割はまだ発展途上《とじょう》なんだ。

音楽はほとんどの学問と結びつき、社会に役立つ

教員インタビュー 1

音楽学部は文系であり理系
好奇心が音楽を活かす道を拓く

東京藝術大学《とうきょうげいじゅつだいがく》
音楽学部声楽科　教授
櫻田《さくらだ》　亮《まこと》さん

編集部撮影

母校である東京藝術大学の大学院生時から声楽のソリストとしての活動を始め、修了《しゅうりょう》後は日本と海外で多くの演奏経験を積み重ねている。2013年より同校で学生の指導を始め、音楽の多方面にわたるプロフェッショナルを育てる。

国際的に活躍《かつやく》できる後進を育成

声楽曲を演奏する上で必要な基礎《きそ》的技術、表現力の向上をめざし、担当する学生に教授し、演奏家を育成することが私の教員としての使命だと思っています。私自身、声楽家として約30年にわたって演奏活動を続けていますので、それによって得たスキル、経験を活かして、大学で後進の指導にあたっています。私に続く国際的に活躍《かつやく》できる学生を育てることが大きな目標です。

音楽学部の演奏家を育成する学科・コースにおいて、その指導の中心となるのが、教員と学生との個人レッスンです。東京藝術大学の場合、教員1名あたり20名前後の学生がマンツーマンの指導を受けます。

学生は入学する段階で、どの教員から指導

を受けたいか希望を提出し、決定します。大学では可能な限り、学生の希望が通るように配慮《はいりょ》しており、1年次から4年間、一貫《いっかん》して一人の教員から指導を受けることができます。

また、科目によっては、グループレッスンやアンサンブルの授業があり、教員は複数の学生を同時に指導することがあります。このような教員との綿密な指導の時間を通して、学生は学びの「軸《じく》」をつくっていきます。

技術を高め個性を伸ばす教育

どの専攻《せんこう》の先生も似たような考えをもっていると思いますが、私が学生を指導するにあたって心がけていることは、画一的にならない教育を行うことです。学生一人ひとりが個性のある演奏家になり、将来にわたって成長できるように、まず学生の個性を見極めていくことが大切です。

個性を引き出すために、必ず身につけてほしいのが基礎《きそ》技術です。学生の進捗《しんちょく》に合わせてスキルアップできるように指導していきます。基礎《きそ》技術の習得と個性を伸《の》ばすことは車の両輪のようなもので、どちらも怠《おこた》ることはできません。

指導の方法は、しっかりと構築された基礎《きそ》技術の上に個性をのせていくというイメージです。特に声楽は、人間の体を使った演奏であり、学生の身体的な成長も考慮《こうりょ》する必要があります。技術と個性がバランスよく成長しなければ、複雑な表現や技術的に難しい奏法を身につけることはできません。

学生の演奏を聴《き》いて問題点を毎回チェックしていますが、個性と技術のバランスが崩《くず》れた時、私はまず基礎《きそ》技術に立ち返るようにしています。技術はいったん習得したら終わりではありません。演奏家の育成は、スポーツ選手の育成と似ているかもしれません。

文系と理系の両面をもつ学部

音楽学部は、みなさんが想像する以上に学びに多面性があり、文系と理系の両方の側面をもっています。

学問としての音楽の起源は数学です。楽譜《がくふ》の読み方には数学がかかわっています。文系としての側面は、声楽科に関していえば、主に西洋音楽の作品を演奏するので外国語のスキルが必要ですし、作品の背景を知るために文学や歴史学の知識は欠かせません。また、美術との関連も深く、幅広《はばひろ》い知識と教養が演奏家に求められます。

そのほか、日本の伝統的な音楽・舞踊《ぶよう》について学ぶ邦楽科《ほうがくか》、過去から現在にわたって、世界中のさまざまな地域の音楽文化や理論、音楽的史実などを研究する楽理科、施設《しせつ》の音《おん》響《きょう》など、社会において音楽や音そのものがどのように機能し活かされているかを検証・研究する音楽環境《かんきょう》創造科などがあり、学外の企業《きぎょう》との共同研究も行われています。

協調性は絶対に必要

音楽学部には、協調性を養う教育の場もたくさんあります。管弦楽器《かんげんがっき》であれば、三重奏や四重奏など学生が集まってアンサンブルを行います。声楽の場合は、オペラ定期公演で独唱、合唱、オーケストラと、異なる役割をもつ演奏家たちや、演出家、衣装、照明などのさまざまなスタッフと共同作業を行います。

音楽は一部の独奏楽曲を除いて、基本的に一

教員インタビュー

人では演奏できませんので、他者を理解してひとつの目標に向かって取り組むという協調性は不可決です。学生にはアンサンブルなどふだんの授業を通して協調する大切さに気づいてほしいです。

ソリストとして演奏する時にも、協調性を失わずに自分の個性を発揮する方法を身につけて、研鑽《けんさん》し続けてほしいと思います。

好奇心《こうきしん》が多様な進路を実現させる

学生の卒業後の進路は、演奏家のほか、学校の音楽教員、放送局や出版社、映像制作会社などのメディア業界の専門職、ゲーム業界やIT業界での専門職など多様です。

特に昨今は、メディアの在り方がテレビからインターネットへと世界的に大きく変わってきており、音楽の専門知識と技術を活かせる新しい職種が、つぎつぎと生まれてきています。

そのため国内だけではなく海外での活躍《かつやく》もめざせます。音楽学部で学んだ専門分野に加えて各業界をよく知り、どう活かすかを考えることで、演奏家ではない進路の種類を増やすことができるのです。

音楽学部に向いている学生についてひと言でいうと、私は「好奇心《こうきしん》が豊かな人」だと思います。「好きこそものの上手なれ」の言葉通り、ひとつのことを追究しながら、在学中から社会のさまざまなことに興味をもって接点を見つけることができれば、自分らしい音楽の道が必ず見つかると思います。

音楽学部は学生にとって学びや関心の間口が広く、多様性のある学部といえるのではないでしょうか。

教員
インタビュー
2

大学とは演奏家になってからも必要な学び方を身につける場所

桐朋学園大学《とうほうがくえんだいがく》
音楽学部　教授
久保田《くぼた》　巧《たくみ》さん

取材先提供

桐朋女子高等学校音楽科出身の久保田さん。高校卒業後にウィーンに留学し、国内外でヴァイオリン演奏家として活躍《かつやく》している。現在は、母校でヴァイオリンの個人レッスンも担当し、後進の指導にあたっている。

学校の枠《わく》を超《こ》えた実技レッスン

私は1999年に東京藝術大学の非常勤講師に就いて以来、さまざまな大学で学生の指導にあたっていますが、母校の桐朋学園では2008年に非常勤講師になったことが始まりです。その後、専任教員になり、ヴァイオリンの実技レッスンや室内楽を担当しています。今は桐朋学園の高校生と大学生、大学院生、ディプロマコースの学生25人を担当しており、そのうち大学生は14人です。

桐朋学園の特色は、戦後間もない頃《ころ》、質の高い音楽教育を早期に子どもたちに与《あた》えるべく、まず子どものための音楽教室がつくられ、その子たちの成長にあわせて高校・短大・大学がつくられたという、ほかの大学には例のない成り立ちにあります。キャンパスも同じ

教員インタビュー

敷地《しきち》にあり、高校と大学でレッスン室など共通している教室が多いです。高校の生徒や大学・大学院の学生が、学校の枠《わく》を超《こ》えて大学教員の授業を受けることができるのです。

私が実技レッスンでの指導において重要だと思うことは、大きく分けて二つです。ヴァイオリンという楽器を弾《ひ》くための技術の習得と、演奏する楽曲を理解することです。

まず楽器を弾《ひ》くということは、その先にある楽曲を表現するための手段にすぎません。しかし、しっかりした演奏技術なくしては、どんなに表現したいことがあっても、それを聴《き》いている人たちに十分に伝えることはできません。個々の学生の演奏技術には、実はかなりの個人差があります。卒業までにその後の社会で必要とされるレベルに達することができるよう、個々の学生の能力に応じて教材や指導内容を柔軟《じゅうなん》に対応させていきます。

一方で、楽譜《がくふ》を読んで、書いてある音を正確に把握《はあく》することについては、その第一歩がまさに桐朋が早期教育をしているソルフェージュという音感教育です。その上で、楽曲の書かれた背景からその楽曲を通じて作曲者が表現したかったことをイメージすることが大切だと思います。

大学の4年間は、演奏家にふさわしい技術力を高めるだけではなく、音楽を学び理解するための方法を身につける場なのです。はじめて弾《ひ》く作品に取り組むにあたり、その作品に必要な演奏技術、表現、作曲者の意図、作品の世界観などを知るプロセスを学ぶこと。そして卒業してプロになってからも、新しい作品を自分のものにして演奏できるように、自分に合う作品の理解の仕方、学び方を学生のうちに習得してほしいと思います。

私が小学生の終わりから高校生まで指導していただいた江藤俊哉《えとうとしや》先生のレッスンでは、ピアノがとても上手だった先生みずから私のヴァイオリンの伴奏《ばんそう》をしてくださいました。始めたばかりの曲でも、いきなりこんな曲に仕上げるんだとひっぱられて、否応なしにどんな曲なのかを感じさせられました。音楽を感じることと、考えて組み立てて行くことは、車両の両輪のように、どちらも必要で大切なことだと思っています。

桐朋ではソロの演奏だけでなく、室内楽やオーケストラの授業が充実《じゅうじつ》しています。多くの学生たちが演奏家をめざしており、その目標はオーケストラやアンサンブルへの入団など多岐にわたります。最近では新しい試みとして、オーケストラ入団をめざすための授業を開始し、多くの学生が学んでいます。

音楽学部の先生方は、挑戦《ちょうせん》する学生を受け入れてくださいますし、やりたいことがあればあるほど先生方も喜んでくださいます。それが桐朋らしさだと思います。

自分の刺激となる学生が多い

私個人の印象ですが、桐朋生は気が強くて何事にも積極的な学生が多いと感じています。音楽コンクールに挑戦《ちょうせん》している学生や、「こうなりたい」という思いが強い学生とよく出会います。私の高校時代、授業中に「どんな演奏家になりたいですか？」という先生の問いに対して、「将来は自分にしかできない音楽を演奏できる演奏家になりたい」と答えた同級生がいました。同じ問いに対して、当時目標にしていたヴァイオリニストの名前しか浮かんでこなかった私は、その言葉に今でも忘れられない驚きと感銘《かんめい》を受けました。ともに学ぶ仲間は、先生方から受けるのとはまた違《ちが》ったとても大きな刺激を与《あた》えてくれます。

卒業後も同級生、同窓生とのつながりは深く、たびたび室内楽などで共演する機会があります。将来演奏家になってから学生の時のつながりを活かせることも、桐朋らしさではないでしょうか。

音楽の本当の楽しさを知ってほしい

音楽大学の学生は実技試験、コンクールなどで常に評価と他人との比較にさらされます。その中で自分を見失わず、自分の目標をしっかりもって、マイペースで勉強していけるために、「自分は自分」と割り切れる心の強さをもつことが大切だと思います。

音楽は突《つ》き詰《つ》めると「気持ち」が大切です。絵画や演劇のように、音楽も芸術のひとつ。演奏を受け取る側が何を感じるのか。作曲者が聴《き》き手に何を受け取ってほしいのか。

ある作品を演奏してどんどん突《つ》き詰《つ》めていくと、その先にある作品の中の世界は広く、自分が自由になって行くように思います。私のような年齢《ねんれい》になっても、何度演奏しても作品についてまだ知らないことがたくさんあると感じます。歳を重ねるごとに、何かを経験するたびに、新しい発見や気づきがあり、過去の経験すべてが演奏へと生きてきます。

音楽は入り口が狭《せま》く感じるかも知れませんが、終りに限りはない。だからこそ音楽は楽しいのです。音楽を志す学生には、その楽しさを知ることができるまで挑戦《ちょうせん》を続けていってほしいと思います。

3章

音楽学部のキャンパスライフを教えてください

Q14 音楽学部ならではの授業はありますか？

全専《せん》攻《こう》共通の基礎《きそ》教育「ソルフェージュ」

最近の音楽学部の学びは専門性が高い上に、時代に合わせて多種多様になっている。しかし、楽譜《がくふ》が読める、正しい音を理解し表現できるといった音楽の基礎《きそ》教育はどの専《せん》攻《こう》・コースでも重視されている。それは**「ソルフェージュ」と呼ばれるもので、楽典、聴音《ちょうおん》、新曲視唱など、音楽のプロになるためには必要だ。**大学受験の試験科目にもなっていて、演奏家をめざして個別レッスンを受けている人、ピアノやヴァイオリンを習っている人、吹奏楽《すいそうがく》部や合唱部などで音楽をやっている人なら、ほとんどの人が知っているだろう。

ソルフェージュの授業は各専《せん》攻《こう》・コースによってその内容は違《ちが》うが、能力に応じてクラス分けされて、少人数で行われる。

大学受験の時にソルフェージュが必要ない人は、入学した後に「歌のレッスンもある

の？　苦手なんだけどなぁ……」、「楽譜《がくふ》を初見で弾《ひ》くのはムリ」など、不安になるかもしれない。でも、クラスで同じレベルの人といっしょに学んでいけるよ。あきらめず、しっかり身につけよう。

1年次から始まる個人レッスンとグループ演習

音楽学部の授業は、どの専攻《せんこう》・コースも実技の個人レッスンやグループ演習といった実《じっ》践的《せんてき》な授業が多く、1年次から4年次まで続くよ。

個人レッスンは、たとえば主に器楽や声楽など演奏家をめざす専攻《せんこう》・コースでは、学生一人に担当の先生が1名以上指導する。演奏以外の専攻《せんこう》・コースでも、専任教員や講師による個別レッスンや少人数制のクラスが充実《じゅうじつ》している。

プロの演奏会や公演でも使用される施設《しせつ》が充実《じゅうじつ》

特に音楽大学では、キャンパス内に音楽ホールが完備されている。授業の一環《いっかん》として、また学生の自主活動として、年間を通して演奏会や舞台《ぶたい》公演が行われている。また学外からも、オーケストラや劇団などプロの公演が行われ、学生たちはキャンパスにいながら活《かつ》躍《やく》中の演奏家や音楽クリエイターの仕事を観ることができるんだ。

音響《おんきょう》や映像、デジタル音楽の制作に必要な環境《かんきょう》も整っている。音楽業界で実際に使われている最先端《さいせんたん》のデジタル機器やソフトを、1年次から覚えられるカリキュラムになっているよ。

副専攻《せんこう》（副科）を選ぶことができる

多くの音楽学部は、必須《ひっす》ではないがはじめに選んだ専攻《せんこう》・コース（主専攻《せんこう》ともいう）にプラスして、もうひとつ選択《せんたく》することができる。「副専攻《せんこう》」や「副科」といわれるもので、期間は通常1年間だ。しかし、科目・カリキュラムの内容や選択《せんたく》の方法、履修《りしゅう》条件は大学によって大きく違《ちが》う。

副専攻《せんこう》を選ぶ学生は、自分の興味、卒業後の進路に応じて選んでいる。たとえば、音楽教員をめざしている声楽専攻《せんこう》の人がピアノ専攻《せんこう》を選ぶ。音響《おんきょう》・音楽デザイン専攻《せんこう》の人が、趣味《しゅみ》で弾《ひ》いている楽器の専攻《せんこう》を選ぶこともできるよ。

ただし、副専攻《せんこう》や副科は、授業料が別にかかるケースがある。学費が気になる人は、志望校を選ぶ時、4年間でどのくらいの学費がかかるのか、一度計算した上で履修《りしゅう》を決めよう。

また副専攻《せんこう》、副科ではなくても、多くの音楽学部では他専攻《せんこう》・コースの科目を自由に選《せん》択《たく》しやすい。たとえば、器楽専攻《せんこう》の学生が1年次に履修《りしゅう》した必修基礎《きそ》科目の「合唱」の授業がおもしろくて、2年次に声楽専攻《せんこう》の専門科目を履修《りしゅう》する、ということもできる。イメージ以上に学びの自由度が高いのも音楽学部の魅力《みりょく》だね。

卒業試験や卒業制作はお客さまの前で行う

大学や学科、専攻《せんこう》・コースにもよるが、**主に演奏系の専攻《せんこう》・コースの学生の卒業試験は学内のホールで演奏を行う**。音楽制作、舞台《ぶたい》芸術系の学生も同じように卒業制作として学内の施設《しせつ》で公演を行っているよ。

客席には実際の公演と同じように、専任の先生や学生、家族、友人が集まるんだ。多くの人に見守られ、全力で演奏し、大きな拍手《はくしゅ》の中で学びの集大成の日を迎《むか》えられるのは、音楽学部の学生ならではだ。

大学によっては定期的な実技試験でも、演奏会形式のような公開制で行っているところもある。

音楽の実技・演習が中心。専門分野を究め、関連分野を幅広《はばひろ》く学べる

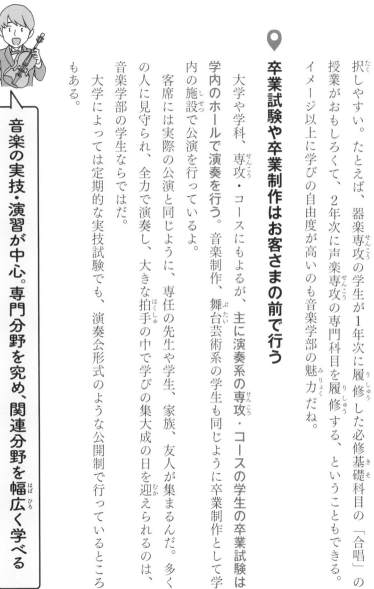

Q15

音楽学部ならではの授業外活動はありますか？

国内外の演奏家や俳優、クリエイターによる特別レッスン

音楽学部では、開講科目とは別に、国内外で活躍《かつやく》する著名な演奏家や俳優、音楽クリエイターなど、音楽のプロフェッショナルによる特別レッスンや公開講座が豊富だ。

たとえば器楽系の専攻《せんこう》では、定員があって選抜《せんばつ》制の場合もあるが、世界トップレベルの演奏家による特別レッスンがある。技術力がアップするだけではなく、プロとしての心構え、ステージでの振《ふ》る舞《ま》い方、音楽に対する向き合い方など、将来演奏家になった時の糧《かて》になることを数多く学べる。

そのほか、音楽制作系の専攻《せんこう》ではレコーディングのワークショップが行われるなど、ジャンルはさまざまだ。また、専攻《せんこう》以外の分野の公開講座を受けることもでき、視野を広げ、教養を深めている。

学内外での音楽公演をたくさん経験できる

音楽学部、とりわけ音楽大学では学内にプロの公演でも使用される本格的なホールを整えているので、オーケストラや合唱団、管弦楽団《かんげんがくだん》の定期公演やオペラ公演、数々の演奏会が行われる。**器楽や声楽など演奏家をめざす専攻《せんこう》・コースの学生は、国内の著名な交響楽団《こうきょうがくだん》や市民オーケストラ、合唱団の客演など、プロ・アマチュアを問わずさまざまな音楽活動に積極的に参加している。**海外への演奏旅行を行っている大学もあり、個人で海外の演奏活動をしている人もいる。このように積極的な学生は、履修《りしゅう》科目をこなすだけではなく、在学中から音楽の実践《じっせん》の場を広げながらプロに近づいているんだ。

音楽学部では、地域貢献《こうけん》のための活動もさかんだ。たとえば、地震《じしん》などで被災《ひさい》した地域への音楽チャリティーコンサートや国際交流を目的としたコンサート、自治体から依頼《いらい》を受けた地域の子どもたちのための音楽ワークショップなど。さまざまな形で学生の表現の場を生み出している。

海外研修で世界に名高い音楽学校で学ぶ

ほかの学部と同じように、音楽学部でも海外留学・研修制度が充実《じゅうじつ》している。海外の提携校《ていけい》交換《こうかん》留学制度があり、短期研修ではヨーロッパの有名な音楽学校や交響楽団《こうきょうがくだん》でのレッスン、演奏会、他国の楽団との交流演奏会など内容は多彩《たさい》だ。

ダンスやミュージカルなど舞台《ぶたい》系の学生は、イギリス・ロンドンの演劇ワークショップ、アメリカの著名な音楽学校でのレッスン、ブロードウェイでの体験学習など、専攻《せんこう》に応じた海外研修を経験できる。音楽の技術や表現力だけではなく、将来の職業に直結する。もちろん日常生活でも使える生きた英語をものにできるチャンスもあるよ。

国内外の音楽コンクールやオーディションに挑《いど》む

器楽や声楽など演奏家をめざす学生は、国内外の音楽コンクールもステップアップに必要な学びの場。担当の先生による個人レッスンも、科目の履修《りしゅう》だけではなくコンクールに向けたレッスンも含《ふく》まれている。なかにはオーケストラの楽団員をめざすための特別なカリキュラムを設けている大学もある。

ダンスやミュージカル、俳優、声優をめざす専攻《せんこう》・コースの学生は、在学中に映画や舞《ぶ》台《たい》の出演オーディションや音楽・芸能プロダクションのオーディションを受けている人もいる。

専攻《せんこう》を問わずコンクールでよい成績を収めたり、オーディションで合格できたりする人はほんのひと握《にぎ》り。落選するのがあたりまえの世界だが、一生懸命《いっしょうけんめい》な学生はたとえ落ちてもあきらめず、何度も挑戦《ちょうせん》している。そのタフさが、社会に出てから自分で生きる道を見つける大きな力になるんだ。

音楽以外のアルバイトで社会経験を積む

学生は授業や学内外の音楽活動が学生生活の大半を占《し》めるので、アルバイトの時間がかなり少ない人が多い。しかし、飲食店やアパレルショップなど、さまざまな人が集まるお店での接客スタッフとしてアルバイトをしている人もいる。音楽学部生は日頃《ひごろ》からグループ活動が多いので、人と接する仕事にもなじむんだね。

このように、音楽に関連分野をミックスした学びの中で、人や社会、海外との多様なコミュニケーションが自然に生まれやすい。授業外活動も、自分らしい生き方や働き方を見つける貴重な出発点になるはずだよ。

音楽の能力と専門分野の知識を活かせる活動に参加できる

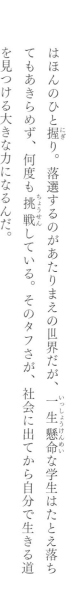

Q16

この学部ではどんな人や世界にふれることができますか？

世界基準のプロとして活躍《かつやく》する卒業生

Q15でもふれたけれど、音楽学部では世界で活躍《かつやく》する演奏家やミュージシャンなど、ジャンルを問わず、国内外で活躍《かつやく》する音楽のプロを教員として迎《むか》えていたり、特別講座の講師として招いている。音楽の各界で活躍《かつやく》している卒業生が多く、定期的に母校の在学生を指導している人もいるよ。

オーケストラでは、大学の同窓生がいるということはめずらしくない。それだけこの学部は卒業生とのつながりが強く、就職活動の時も、母校の先輩《せんぱい》とのつながりが生きてくることがある。アーティストの楽曲制作やテレビや映画、ゲームなどで使われる音源や音楽をつくる音楽制作会社にも、学部の卒業生がたくさん働いていて、ヒット作を生み出している人もいる。めざす仕事のお手本が近くにいるのも、音楽学部らしい特色だ。

他分野の音楽も好きで、さまざまな個性をもつ学生

この学部では、ほかの専攻《せんこう》・コースの学生と学ぶ授業や課外活動がたくさんある。たとえば、1年次の学部共通科目の授業でいっしょになり、それをきっかけにおたがいの演奏会や公演を観に行き、その運営を手伝い、友だちになるということもあるんだ。

器楽や声楽の専攻《せんこう》の学生なら、複数の専攻《せんこう》による合同演奏会が行われる。ダンスやミュージカルなどの舞台《ぶたい》公演でも、ダンス専攻《せんこう》と音響《おんきょう》・音楽メディア専攻《せんこう》、舞台《ぶたい》制作専攻《せんこう》の学生が集まり、学生だけで舞台《ぶたい》をつくっていく。演奏家や表現者をめざす学生は、舞台《ぶたい》づくりに取り組む音楽制作の学生の仕事ぶりからその世界を学ぶことができ、音楽制作の学生は、ステージで演じる学生の意見を取り入れながら、自分の技術力を高めることができる。めざす音楽のジャンルは違《ちが》っても、ひとつの目標に向かっていっしょに物事に取り組む経験は、音楽以外の道に進んだとしても将来生きてくるはずだよ。

また、学部には海外からの留学生もたくさんいる。はじめは英語をしゃべるのに自信がなくても、音楽が共通のことばになるので、少しがんばれば自然に話せるようになるだろう。しだいに英語の会話力が身につき、おたがいの文化と社会を理解し合えるようになる。

音楽学部の学生は、どの専攻《せんこう》でも「音楽が好き、やりたい」という共通の思いで全国か

ら入学してくる。だから、性格や価値観、出身や人種、国籍《こくせき》が違《ちが》っても仲良くなりやすい。音楽が好きすぎて、こだわりが強すぎて意見がぶつかることがあるかもしれない。でも、授業や課外活動の中でおたがいを知ろうと努力したことが、音楽の世界に限らずこれからのグローバル社会の中で生きていく上でプラスになる。おたがいを尊重するためのコミュニケーション上の距離《きょり》感を、4年間の充実《じゅうじつ》した学びの中で身につけられるんだ。

就職活動を通して新しい進路が開ける

「音楽学部では音楽しか学べないから就職が難しい」というメディアの記事やインターネットの書き込《こ》みを見かける。しかし**卒業生の進路の実績を見ると、音楽に限らずとても広い。**思い込《こ》みや偏見《へんけん》をなくし、音大生がどのような進路を選び、実際に働いているのか、よく調べてみよう。

音楽大学や音楽学部には、総合大学と同じようにキャリアセンターや学習支援《しえん》室がある。1年次から将来の進路についての科目や個別の進路相談、科目履修《りしゅう》についての相談窓口など、専攻《せんこう》での学び方や卒業後の進路について相談できるアドバイザーがいる。「音楽はやりたいけれど、就職が不安」、「この仕事に就くにはどんな科目を取ればいい？」など、専攻《せんこう》での勉強と卒業後の進路について疑問がある人は、1年次から積極的に聞いてみよう。

卒業生や先輩《せんぱい》、他専攻《せんこう》の学生とつながり未知の世界にふれられる

学生は音楽を学ぶ中で専門技術や知識、教養とあわせて、物事を続ける力、他人と協力し取り組む姿勢など、社会で生きるために必要な力を身につけている。特にプロをめざす学生は、実技試験やコンクールで優劣《ゆうれつ》がつけられ、演奏会で失敗や挫折《ざせつ》を味わい、乗り越《こ》えている。その強さはどの時代のどんな社会でも自分が生きる道を見つける糧《かて》になる。

就職活動の具体的なステップについても、キャリアセンターが学生一人ひとりの希望と適性、強みをいっしょに考え、理想の進路を決めるまでの道のりをサポートしてくれる。就職活動は3年次から本格的に始まり、進路相談や就職説明会、業種別の説明会、一般企業《いっぱんきぎょう》の採用担当者などを招いた学内企業《きぎょう》説明会など、さまざまな就職対策講座が開かれる。

このように音楽学部でも、キャリア支援《しえん》が受けられるんだ。求人情報の一例を挙げると、楽団員などのオーディション情報や音楽教室の講師募集《ぼしゅう》、私立学校の教員採用など。もちろん一般企業《いっぱんきぎょう》や官公庁、地方自治体の職員採用、病院や福祉施設《ふくししせつ》、NPO法人など幅広《はばひろ》い業界の求人情報が集まってくる。音楽教員をめざす人は教員採用試験についての情報や講座、大学院の募集要項《ぼしゅうようこう》もチェックできる。手厚い就職支援《しえん》を積極的に活用していこう。

Q17

音楽学部の学生の一日を教えてください

4年間を通して授業と自主練習の毎日

音楽学部の学生は、専攻《せんこう》やコース、学生個人の学びの目標にもよるが、基本的には3年次まで授業や課外活動、自主練習や自習が一日を占《し》めるので、キャンパスにいる時間が長くて忙《いそが》しいようだ。

専攻《せんこう》・コースの全体的な傾向《けいこう》として、実技や演習が履修《りしゅう》科目の多くを占《し》めるので、その分、準備のための個人練習やグループ演習でいっしょの学生との勉強の時間が増える。座学でいう予習、復習のようなもので、「授業さえ出ればいい」という勉強ではないよ。

また、音楽の学校教員をめざす人は、専攻《せんこう》・コースの科目履修《りしゅう》にプラスして教職課程の科目を取らなければならない。時間割は月曜日から金曜日までびっしり埋《う》まる。

学生たちは、1時限目の授業に始まり、空き時間は練習室で楽器などを自主練習したり、図書館や自習室、ラウンジなどで課題のレポート作成に取り組んだり、コンピュータのソ

フトを使って楽曲制作をしたりしている。授業は夕方まで続き、終わってからも練習室で練習に打ち込《こ》んでいる人もいる。大学のキャンパスを見学した時に、先輩《せんぱい》たちがどのような時間、場所で練習や勉強をしているかのぞいてみよう。

特に演奏系の専攻《せんこう》・コースの学生の自主練習はかなり多い。一日の練習時間は、大学の練習室や自宅で合わせて5、6時間、さらに8時間以上の人もいる。合間に食事やリフレッシュの時間を入れていて、練習と休みのメリハリや気持ちのコントロール、体調管理に努めている。

課外活動は勉強とのバランスが大事

音楽学部の多くの学生は、他学部とは

1年生の授業びっしりな一日

授業は音楽や外国語、教養科目など基礎科目が中心。空き時間に実技の自主練習に励む。

専攻・コースによっては年次が上がるにつれて演習や演奏会などの準備時間が増えてアルバイトが難しくなる。

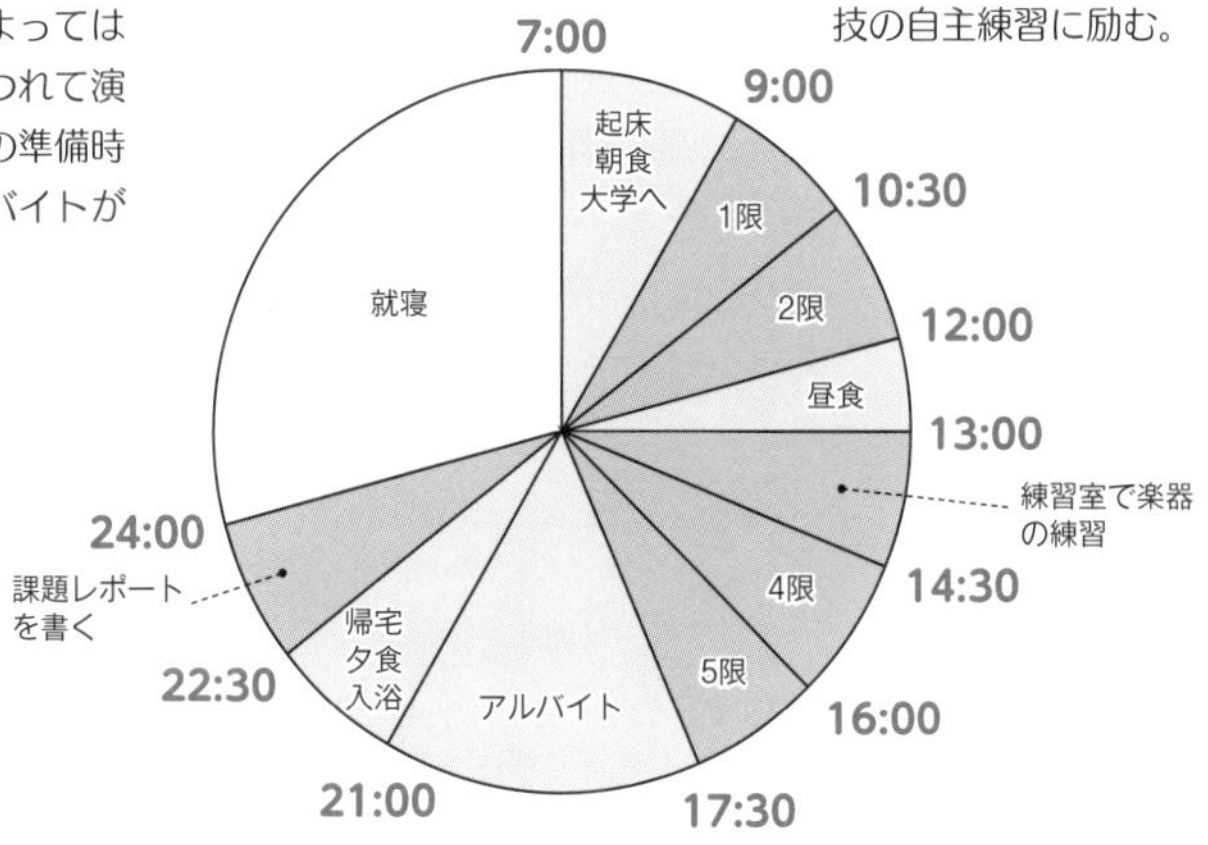

違《ちが》い、サークルや部活動に参加している人は少ないようだ。というのも、専攻《せんこう》・コースの授業にかかわる演奏や創作活動が中心で、実技といってもその準備の時間は、授業時間外に行う。忙《いそが》しくて部活動やサークルにまで時間が回せないみたいだね。

アルバイトについても、学生や専攻《せんこう》・コースによって違《ちが》ってくる。演奏家をめざしている学生で音楽コンクールや公演が多い学生は、時間的にアルバイトが難しい。それでも大学や自宅の近くで週1、2回、一日2、3時間、シフトを入れている人もいるようだ。大学での勉強が将来の進路に強く結びつく音楽学部では、やはり勉強を第一に考えたい。アルバイ

3年生の充実した一日

授業は専門科目や実技レッスン、ゼミ（演習）が中心。空き時間は自主練習や他学生との合同練習、音楽制作など、専攻に応じた勉強をする。

自宅での練習時間も大切。防音環境の整った自宅や下宿で夜遅くまで楽器などの練習をしている学生もいる。

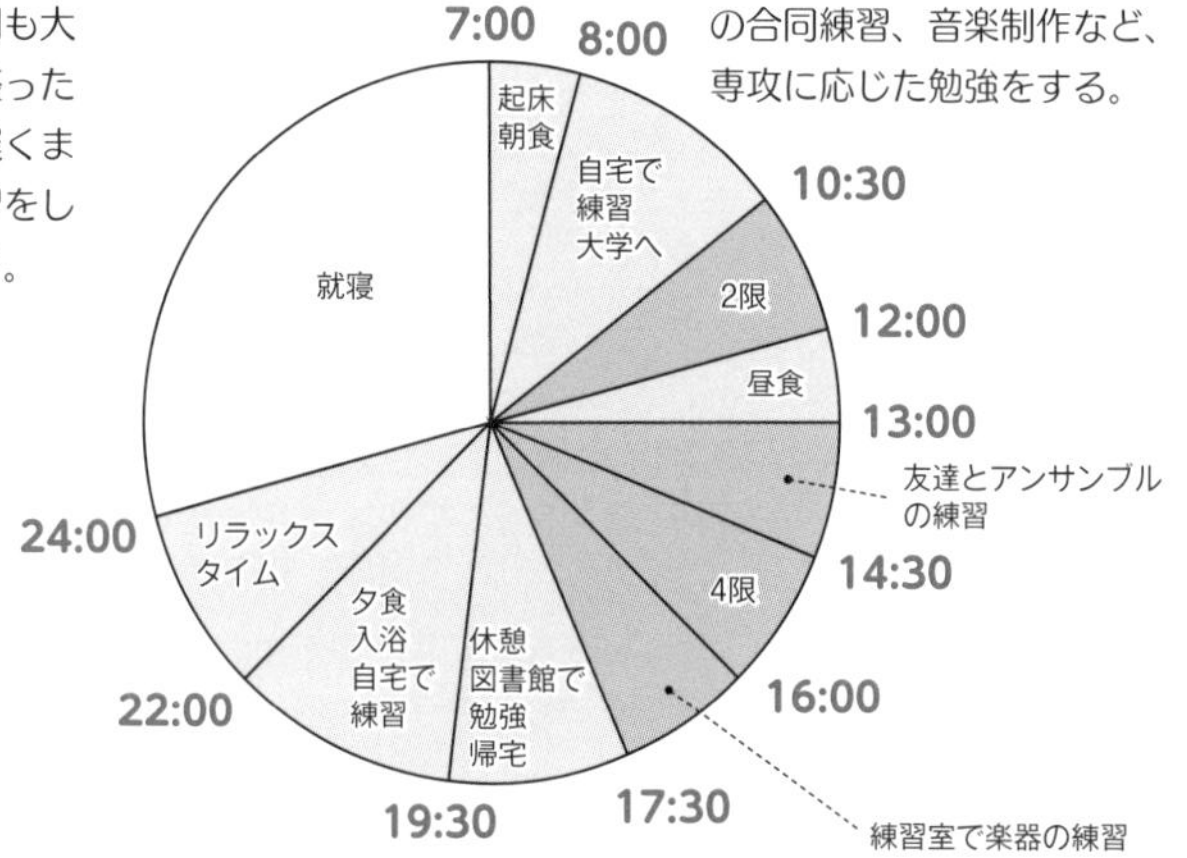

トは、時間や体調に無理のない範囲《はんい》にとどめておこう。

学外での音楽活動も卒業まで活発

学生にもよるけれど、学外での演奏会や舞台《ぶたい》公演、音楽コンクール、音楽業界でのインターンシップやワークショップ、2、3週間の海外短期研修、国内外での演奏旅行など、年間を通してキャンパスの外で音楽を実践《じっせん》し、学んでいる人も多い。特に学年が上になるにつれて、学外で音楽を学ぶことが多くなるようだ。

授業で学んだことを演奏や公演で試し続け、その中で卒業後の就職、大学院や海外留学の道筋が開けてくる。課外活動をどれだけ自分のプラスにするかは自分次第だが、同級生や先輩《せんぱい》の活動を参考にしてみよう。

卒業まで授業と自主練習、課外活動で忙《いそが》しい毎日を送る

Q18 入学から卒業までの流れを教えてください

1、2年次は音楽の基礎《きそ》を講義と実技で固める

音楽学部に限らないけれど、大学での学びは中学校や高校の時に比べてかなり変わる。学生自身が学びの目標を立てて、それにふさわしい時間割をつくり、計画的に学びたい。科目は、大きく分けてどの学生も履修《りしゅう》しなければならない「必修科目」と、自由に選べる「選択《せんたく》科目」の2種類があり、卒業までに必要な単位数以上の科目を履修《りしゅう》する。

音楽学部では、1年次にソルフェージュ（56ページ参照）**や西洋音楽史などの基礎《きそ》科目、各専攻《せんこう》に応じた入門科目、外国語科目、教養科目、基礎《きそ》ゼミなど専攻《せんこう》での学びを深める準備期間だ。**

個人レッスンやグループ演習など実践的《じっせんてき》な学びも1年次から始まる。その後、自分の将来の進路に応じて、他専攻《せんこう》の科目を履修《りしゅう》して学びの幅《はば》を広げる。また大学にもよるが、1、2年次はさまざまな専攻《せんこう》の関連科目を履修《りしゅう》でき、3年次から専門コースを選択《せんたく》する。

音楽学や音楽教育など、音楽の関連分野の専攻《せんこう》では、他学部と同じように1年次に基礎《きそ》科目と基礎《きそ》演習があり、2年次から専門科目の履修《りしゅう》が増え、3年次にゼミ（研究室）、4年次に卒業論文（研究）に取り組む。中学校・高等学校の音楽の教員免許状《めんきょじょう》を取りたい人は、1年次から教職課程が始まるので履修《りしゅう》科目がほかの学生よりも増えるよ。

3年次は就職や進学の準備、4年次は卒業公演

音楽学部でもほかの学部と同じように、就職活動が本格的に始まるのは3年次から。キャリアセンターなどが主催《しゅさい》する各種就職講座が行われ、いろいろな業界の採用情報や就職試験対策についての必要な情報を発信し、学生からの個別相談も積極的に受け入れている。企業《きぎょう》でのインターンシップや採用選考が少しずつ増えるにつれて、キャンパス外での活動が多くなるよ。音楽教員をめざす人や大学院への進学や海外留学をめざす人も、試験勉強や外国での指導者探しなどの準備を進める。

専攻《せんこう》・コースによっては音楽業界のインターンがあり、めざす職業や業界を体験的に学んでいる。**俳優やミュージシャン、ダンサーなど商業音楽の職業をめざす人は、1年次からオーディションを受けて活躍《かつやく》のチャンスを狙《ねら》っている人もいるよ。**音楽学部の学びは音楽業界の仕事に直結するので、4年間が就職活動といってもいいだろう。

就職活動や大学院進学への準備と並行《へいこう》して、4年次は卒業公開試験や卒業公演、卒業論文など、専攻《せんこう》・コースによって4年間の学修をまとめて発表する。

大学院、別科、ディプロマコースで学び続ける

この学部は、プロの演奏家をめざす学生を見てもわかるように、他学部のように「学部を卒業してすぐ就職」とは限らない。大学を卒業しても半分学生、半分プロ、というイメージだ。また、演奏家をめざしている卒業生の多くが、音楽大学などの大学院や海外の音楽学校などに進学している。

多くの音楽大学では、「別科」や「デ

入学から卒業まで

	1年生	2年生	3年生	4年生
春	入学式 オリエンテーション 教養課程（全学科共通科目） 専門基礎科目 ※専攻・コースによっては1年次から学内公演を多数経験。音楽コンクールやオーディションへ出場する学生もいる	専門科目を中心に履修する	専攻・コースに分かれる ゼミ（研究室）に所属する ※大学によって異なる	就職活動
夏		海外研修・海外短期留学	海外研修・海外短期留学 インターンシップ	インターンシップ
秋	学園祭（コンサート、舞台公演）	学園祭（コンサート、舞台公演）	就職活動 学園祭（コンサート、舞台公演）	学園祭（コンサート、舞台公演）
冬				卒業試験・公演 卒業論文提出

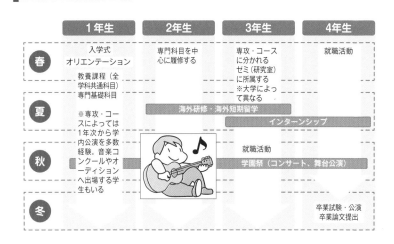

ィプロマコース」という、音楽の実技を中心に学べる教育課程を設けている。「別科」は大学と同じ教育課程のひとつであり、選抜《せんばつ》試験が課される。高校卒業またはそれと同等の学校を修了《しゅうりょう》した人が受験でき、もちろん音楽学部を卒業した人も受験対象だ。そして、試験に合格すると正規の大学生と認められる。

この教育課程は器楽や声楽の実技科目が中心で、音楽理論や西洋音楽史などの学科もある。修業年限は各大学の別科によるが、たいてい1年だ。

「ディプロマコース」も、別科と同じように実技中心の音楽コースで、選抜《せんばつ》試験があるが正規の大学生としては認められない。ある大学のディプロマコースの例を挙げると、コースの種類は声楽や弦《げん》楽器、管打楽器など。大学教員による実技レッスンが中心で、修了《しゅうりょう》後の進路指導も行う。修学年限は2年で、修了《しゅうりょう》試験を受験し、合格しなければならない。

どちらの教育課程も、主に演奏家をめざす卒業生の技術力向上の場となっている。ほかにも、音楽を学びたい社会人向けに開講している「科目等履修《りしゅう》生制度」や「公開講座」を設けている大学もある。

どの専《せん》攻《こう》・コースも学びの目標を定めて計画的に履《り》修《しゅう》する

学生インタビュー 1

歴史ある音楽を未来へ受け継ぐ国際的な演奏家をめざす

東京藝術大学《とうきょうげいじゅつだいがく》
音楽学部器楽科　3年生
河井勇人《かわいゆうじん》さん

著者撮影

２歳《さい》からヴァイオリンを始めた河井さん。小学生の頃《ころ》から国内外の音楽コンクールで数々の受賞歴をもち、大学には飛び入学制度を経て入学。演奏活動とコンクールと同じように、社会への関心をもち教養を深めることも大切にしている。

コンクールを機にプロをめざす

私がヴァイオリンと出合ったのは2歳《さい》の時、通っていたインターナショナルプリスクールでの音楽の時間でした。子ども用のヴァイオリンを手にしたことをきっかけに、いつの間にか夢中《むちゅう》になっていました。

私の両親は音楽家ではありませんが、「ヴァイオリンを続けたい」と言ったところ、「やれるところまでやってみたら？」と認めてくれました。その後、進学とヴァイオリンの勉強について私と両親、音楽教室の先生とで考えて、小中高の12年間は普通《ふつう》の学校に通い、ヴァイオリンは大学付属の音楽教室で学ぶことに。学校生活と両立しながら音楽コンクールに挑戦《ちょうせん》し、小学5年生の時に全日本学生音楽コンクールの小学生の部で1位、中

料金受取人払郵便

本郷局承認

5596

差出有効期間
2024年8月31日
まで

郵便はがき

113-8790

（受取人）
東京都文京区本郷1・28・36

株式会社 ぺりかん社

一般書編集部行

購入申込書

※当社刊行物のご注文にご利用ください。

書名		定価[円+税] 部数[部]
書名		定価[円+税] 部数[部]
書名		定価[円+税] 部数[部]

●購入方法をお選び下さい（□にチェック）	□直接購入（代金引き換えとなります。送料+代引手数料で900円+税が別途かかります） □書店経由（本状を書店にお渡し下さるか、下欄に書店ご指定の上、ご投函下さい）	番線印（書店使用欄）
書店名		
書店所在地		

書店様へ：本状でお申込みがございましたら、番線印を押印の上ご投函下さい。

※ご購読ありがとうございました。今後の企画・編集の参考にさせていただきますので、ご意見・ご感想をお聞かせください。

アンケートはwebページでも受け付けています。

URL http://www.perikansha.co.jp/qa.html

書名	No.

●この本を何でお知りになりましたか?

□書店で見て　□図書館で見て　□先生に勧められて
□DMで　□インターネットで
□その他 [　　]

●この本へのご感想をお聞かせください

・内容のわかりやすさは?　□難しい　□ちょうどよい　□やさしい
・文章・漢字の量は?　□多い　□普通　□少ない
・文字の大きさは?　□大きい　□ちょうどよい　□小さい
・カバーデザインやページレイアウトは?　□好き　□普通　□嫌い
・この本でよかった項目 [　　]
・この本で悪かった項目 [　　]

●興味のある分野を教えてください（あてはまる項目に○。複数回答可）。
また、シリーズに入れてほしい職業は?

医療　福祉　教育　子ども　動植物　機械・電気・化学　乗り物　宇宙　建築　環境
食　旅行　Web・ゲーム・アニメ　美容　スポーツ　ファッション・アート　マスコミ
音楽　ビジネス・経営　語学　公務員　政治・法律　その他
シリーズに入れてほしい職業 [　　]

●進路を考えるときに知りたいことはどんなことですか?

[　　]

●今後、どのようなテーマ・内容の本が読みたいですか?

[　　]

お名前	ふりがな [　　歳] [男・女]	学校名・ご職業	
ご住所	〒[　　－　　]　TEL.[　　－　　－　　]		
お買上書店名	市・区 町・村　　書店		

ご協力ありがとうございました。詳しくお書きいただいた方には抽選で粗品を進呈いたします。

学3年生の時にはチャイコフスキー国際コンクールのジュニア部門で1位になりました。

私が国際的な音楽家になることを決意したのは、そのチャイコフスキー国際コンクールの後です。世界的な名器と言われるヴァイオリンを貸与《たいよ》され、自分が多くの方々から将来を期待されていると強く感じました。自分のためだけではなく、周りのみなさんのため、音楽を未来に受け継《つ》ぐためにプロとしてやっていこうと決めました。

学生の進捗《しんちょく》と将来を見据《みす》えた教育

高校2年生の時に、飛び入学制度を利用して東京藝術大学（藝大）に入学しました。この入試を選んだ理由のひとつが、通常の入学よりも個人レッスンの授業が多くて実践的《じっせんてき》な教育が充実《じゅうじつ》しているところです。担当教授が1年次から4年間同じで、先生のご指導や考え方を十分吸収できると思ったのです。

入学以来、先生は私の卒業後の進路を見据《みす》えた指導とカリキュラムを、親身になっていっしょに考えてくださいます。定期試験対策のための勉強ではなく、学生の技術力や表現力の上限を設けず、学生の習熟ペースに応じてレッスンは進んでいきます。そのおかげで、私は在学中の演奏活動やコンクールに集中でき、卒業後の海外留学への準備もすることができます。

音楽は芸術の一部である

藝大では、学生の自主公演もできる機会が数多くあります。奏楽堂には大きなオルガンが設置され、オーケストラやオペラなど大規模な作品の演奏を経験できるのも魅力《みりょく》です。

藝大には美術学部や大学美術館があり、音楽学部の学生も美術を勉強できる環境《かんきょう》は私にはぴったりでした。西洋音楽は美術や歴史、文学、外国語と切り離《はな》すことはできませんし、音楽を芸術の一部としてとらえ、音楽の在り方を俯瞰《ふかん》して学ぶことができます。

キャンパスのすぐ近くには国立科学博物館《こくりつかがくはくぶつかん》や国立西洋美術館《こくりつせいようびじゅつかん》、東京都美術館《とうきょうとびじゅつかん》、東京文化会館などがあり、芸術的な教養を深める施設《しせつ》にも恵《めぐ》まれています。私は美術館で絵画を鑑賞し、東京文化会館《とうきょうぶんかかいかん》でさまざまな演奏を聴《き》くことで、たくさんのインスピレーションを受けています。藝大は日常からしてぜいたくな大学だと思います。

コンクールではいつも通りを保つ

国内外での音楽コンクールの参加についても、先生方からさまざまな支援《しえん》を受けることができます。私はコンクールを卒業後の活躍《かつやく》に向けたステップのひとつととらえていて、その挑戦《ちょうせん》に終わりはありません。

コンクールに臨む時、私は何か特別なことをしようという感覚はありません。本番で練習の時と同じか少し上くらいの演奏ができればいいという思いで、リラックスしてステージに立ちます。大事なことはふだんの自主練習とレッスン。いつも通りの演奏を最上級にするために、日々努力することが大切です。ですから本番は、無理をしなくても勝手にアドレナリンが出てくる感覚がします。

大学を卒業後は大学院に進学し、国内外での演奏会やコンクールへこれまで以上に積極的に挑戦《ちょうせん》したいと思っています。また海外留学も考えています。今の演奏家は、昔《むかし》の

在学中から演奏活動に集中できる環境です　取材先提供

ように著名なコンクールで優勝すれば華々《はなばな》しいキャリアを歩んでいけるわけではありません。ヴァイオリンの研鑽《けんさん》はもちろんですが、社会の動きとつながりに関心をもち、その上でつぎの世代に音楽のすばらしさを伝える演奏を追求していきたいです。

演奏家をめざしている中学生や高校生のみなさんには、今は音楽を十分に楽しんでほしいと思います。深く考えすぎてしまうと自分の演奏が内向きになり、外に向けて発信する音楽ではなくなってしまうと思います。

自分は好きで音楽を演奏しているということが聴《き》いてくださる人たちに伝わらないと、音楽の「楽」が消えてしまいます。音楽への思いがぶれないことも大切ですが、ほかのことにも幅広《はばひろ》く興味をもつことが、自分の音楽を深めることだと私は思います。

ピアノも音楽教育も私の専門分野を超えて自由に学ぶ

学生インタビュー 2

国立音楽大学《くにたちおんがくだいがく》
音楽学部音楽文化教育学科
音楽教育専修鍵盤楽器ソリスト・コース 3年生
松浦琉也《まつうらりゅうや》さん

取材先提供
（以下同）

音楽教育の専修とピアノ演奏のコースを両立し、さらに合唱や作曲、編曲など幅《はば》広《ひろ》く精力的に学んでいる松浦さん。大学での学びで大切なことは「熱量」と語る松浦さんの将来の夢《ゆめ》は、音楽を社会に広く伝える人になること。

大学の体験レッスンで感動

姉の影響《えいきょう》で5歳《さい》からピアノを始めた私は、小中学生では地元の教室に通って発表会に参加し、夢中《むちゅう》になって弾《ひ》いていました。高校は普通《ふつう》科へ進みましたが、大学は音楽大学を選択《せんたく》。自分の能力やスキルを社会で活かせる分野はやはり音楽であり、演奏家をめざすだけではなく、言葉で表現するのが難しい音楽を人に伝える、教えることについて学びたいと思ったのです。

それから地元の北海道《ほっかいどう》の大学や東京の音楽大学など、志望校を探しました。ピアノの先生が国立音楽大学の卒業生だったので、高校1年生の時に東京のキャンパスで体験レッスンを受けてみました。大学のレッスンはこんなにも違《ちが》うのかと、大きな衝撃《しょうげき》と感動を受けたことは今でも忘れられません。

その後、2年生でオープンキャンパス、3年生で夏と冬の講習会に参加。キャンパスに行くたびに先生方のご指導と専門教育の幅広《はばひろ》さにひかれました。演奏家としてだけではなく人に教えることを学べる場だと確信し、音楽教育専修に決めました。

受験対策で第一に取り組んだことは、過去問題集です。どの大学でも、まず出題傾向《けいこう》をつかむことが大切。私は普通《ふつう》科高校に通っていたので、音楽理論やソルフェージュ、楽典など高校で学べなかった試験科目は独学でしたが、地元の教室の先生にも勉強を見ていただき、合格することができました。

音楽を人に伝える奥深《おくぶか》さを学ぶ

入学して印象に残った授業は「指揮法」と「合唱」です。先生は言葉や体を使って生徒に音楽をどう伝えるか、その方法を教えてくださいました。音楽はことばで表現するのが難しいものですが、ことばの使い方や身振《みぶ》りひとつで、生徒の興味を引き出し、理解をうながすことができます。指揮や合唱指導の考え方や方法は、学校の授業だけではなく、音楽の魅力《みりょく》を広く社会に伝えるために役立つのではないかと思いました。

その教育方法の奥深《おくぶか》さに気づき、3年次のゼミも「合唱」を選びました。前期はグレゴリオ聖歌とミサ曲、後期はゴスペルとさまざまな時代の音楽作品を取り上げ、指導法の専門知識と発声指導の技術を先生の実践《じっせん》を通して学びました。

具体的には、ゼミの学生は合唱する生徒の側に立ち、先生の指導と解説を受けて曲を演奏し、理解したことや先生の話にくぎづけになったことなどを発表するというものです。学生からの反応に対して先生は、「なぜ理解できたのですか」などと学生に質問します。

このように先生は、答えを教えるというより、学生に指導の方法や在り方を考えさせてくださいます。生徒の音楽への興味を引き出す話のつくり方も実践《じっせん》して、ゼミを通して音楽を人に伝えるためには何が必要なのかあらためて考えさせられました。

音楽教育専修では、ピアノ演奏にかかわる専門科目も履修《りしゅう》できます。1年次の「器楽表現（ピアノ）」の授業では、先生から技術指導を受けながら、教育者目線での指導法も数多く教わり、音楽を伝える力をもっと身につけたいと思いました。

選抜《せんばつ》制のピアノコースの合格を勝ち取る

私は選抜《せんばつ》試験を経て、3年次から「鍵盤《けんばん》楽器ソリスト・コース」を履修《りしゅう》し、ピアノ演奏家としての技術と素養を深めています。2年次にこのコースへの挑戦《ちょうせん》をレッスン担当の先生に相談したところ、ご指導を引き受けてくださり、心強い後押《あとお》しになりました。

選抜《せんばつ》試験では、課題曲と自由曲、大学から指定された曲の3曲の演奏が課されます。先生は個人レッスンのほか、曲の選定に始まり練習計画の立て方、曲の表現や解釈《かいしゃく》についてもいっしょに追究してくださいました。

学内でのピアノ練習は、授業の空き時間を使って練習室を借りて取り組みました。音楽教育専修の科目履修《りしゅう》と両立するのが大変でしたが、努力が報われてよかったです。

自分の専門に加えて、演奏家としても技術をみがいています

国立音楽大学は1年次から専門分野を深めながら、他専修の学生や先生方とも交流できます。私も他専修の学生と友人になり、演奏会のサポートなど音楽づくりの場を経験できました。音楽への熱量が高い学生が多く、自分の能力や技術に行き詰《づ》まりを感じても音楽への情熱で乗り切っているように感じます。

私自身、ピアノ演奏の技術を高めながら合唱の指導法や作曲、編曲も勉強してきました。今はＤＴＭ（デスクトップミュージック）など音楽制作にも取り組んでいて、ＳＮＳなどで発信する準備を進めています。

これからも音楽のジャンルにとらわれず、自分の音楽表現の可能性を幅広《はばひろ》く探り、将来は音楽を志す若い人たちの表現の場をつくるなど、音楽を社会に広く伝える仕事をつくっていきたいです。

技術をみがき表現を重ね 音楽の魅力を探り続ける日々

学生
インタビュー
3

洗足学園音楽大学《せんぞくがくえんおんがくだいがく》
音楽学部音楽学科
音楽・音響デザインコース　3年生
齊藤優佳《さいとうゆうか》さん

編集部撮影

小学生の時にトロンボーンを始めた齊藤さん。中高でロックやジャズ、さらにはボーカロイドと音楽の興味の幅《はば》を広げて音楽学部へと進学。音楽の意義と表現を追い続け、今、自分らしい答えを導き出そうとしている。

音楽に深く幅広《はばひろ》くふれた小中高時代

私が音楽の魅力《みりょく》に気づいたきっかけは、小学5年生の音楽の授業でした。通っていた小中高一貫《いっかん》校では、音楽の授業に生徒全員が楽器をひとつ専門で演奏します。そこで私はトロンボーンを始めて、小5、6の吹奏楽《すいそうがく》部、中学校の吹奏楽《すいそうがく》部とビッグバンドジャズで演奏に打ち込《こ》みました。トロンボーンを演奏していて、ボタンのないスライド式という特徴《とくちょう》がおもしろく、決して吹奏楽《すいそうがく》の主役ではないけれど、柱であるところに興味をもちました。

音楽を聴《き》くことも好きで、特に刺激《しげき》的だった経験は、中学2年生の時に参加したアメリカ留学です。現地でラジオから流れてきたロックがかっこよく、電子音を使った音楽もおもしろいと感じ、YouTubeで探して聴《き》いていました。クラシックだけではなく、自分の音楽を幅広《はばひろ》くふれてみたいと思うようになりました。

高校生になってから病気のために一時休学しましたが、ベッドに横になりながら音楽にふれていて、ボーカロイドやEDM（エレクトロニック・ダンス・ミュージック）という新しい分野に夢中《むちゅう》になりました。

電子音は人間味がない、ただの信号と受け取られやすいですが、私はその中に人間味が垣間《かいま》見えるのではないかと思いました。独学でシンセサイザーを開始し、音楽大学で「今やりたい音楽をやろう」と決めました。

大学は専門以外の教養も身につけられる場です。教養は今、職業に直結しなくても、将来の糧《かて》になると私は思います。そして、洗足学園音楽大学はコースを超《こ》えた音楽活動が活発なところにひかれ、入学しました。

自分で考えて答えを出す授業

入学してから今まで特に自分の成長を感じた授業は、「個別レッスン」です。授業では週1回50分、一人の学生に一人の先生がついてくださり、演奏や制作など学生の専攻《せんこう》に応じて指導していただきます。私は作編曲を専《せん》攻《こう》しているので、自分が手がけた曲について添削《てんさく》していただいています。1年次から同じ先生にご指導いただいていますが、先生の助言から「答えは自分自身で探しなさい」というメッセージを感じます。

2年生の時、先生から「かっこいい曲をつくれるようになりましょう」と言われましたが、その時「そもそもかっこいいとは何か」、「誰《だれ》から見てかっこいいのか」など、「かっこいい」の意味を多方面から探りました。先生の言葉の一つひとつの意味をくみ取り、自分の作品としてどう形にするか授業外で模索しながら、作曲の真髄、在り方を学んだように思います。

技術をみがき表現することをくり返す

洗足学園音楽大学は音楽施設《しせつ》が充実《じゅうじつ》しており、演奏活動の機会が多いのも大きな特色です。私の在籍するコースでは、コース主催《しゅさい》のライブが年に1回、「演奏会実習」というゼミでの授業など、年間で5、6回演奏する機会があります。学生みずから企画《きかく》を立てて、学生主体でライブを行うこともありますし、学生によっては学外でも演奏会やライブに積極的です。技術をみがき表現する場が豊富だと感じます。

3年次の秋に、コース主催《しゅさい》の「デジタルアーツ」というライブ企画《きかく》を経験し、私にとってさらに新しい学びの機会を得ることができました。音楽編成はＤＪとヴォーカルという、まだ世界的にもめずらしい編成ですが、課題は両方の魅力《みりょく》をどう引き出すかでした。ヴォーカルは存在も声も際立つ一方、ＤＪは演奏を観ている人にとっては何をしているのかわかりにくい存在です。ですから、ＤＪがステージでも十分魅力《みりょく》を発揮できるように、ライブ本番まで検討しました。

私自身はヴォーカルを担当し、お客さんをひきつけるために、舞台《ぶたい》で歌いながら左に右へと効果的に移動するステージングにこだわりました。楽曲のどのタイミングでどこに立つと、ヴォーカルの魅力《みりょく》を引き出せるか、本番まで試行錯誤《しこうさくご》しました。

ライブでヴォーカルとしてステージに立ちました　　取材先提供

このような演奏を学ぶ場を通して、楽器の練習や曲の制作のほか、ヴォーカルとしてのヴォイストレーニングなど、それぞれの音楽と役割について幅広《はばひろ》く学ぶことができました。

そして舞台《ぶたい》の数を重ねたからこそ、ようやく演じたいことが明確にできたと実感します。技術を学び、舞台《ぶたい》を踏《ふ》み、演じたいことを実現する。「守破離《しゅはり》」ということばがありますが、まさに1年次は守、2年次は破、3年次は離《り》の学びができました。

これからも理想の創作活動を探りながら、基本を踏襲《とうしゅう》し、表現技法を開発していきたいです。また、大学には留学生も学んでいて、価値観や文化の違《ちが》いが刺激《しげき》になります。「音楽」という共通言語があるので、大きな壁《かべ》を感じません。自然に国際感覚が身につくのも音楽大学で学ぶ魅力《みりょく》だと思います。

学生インタビュー 4

お客さまの前での公開演奏試験で表現力がいっそう深まる

武蔵野音楽大学《むさしのおんがくだいがく》
音楽学部演奏学科
ヴィルトゥオーゾコース声楽専修 2年生
上田《うえだ》 駆《かける》さん

2歳《さい》の頃《ころ》から歌が好きだったという上田さん。小学校から高校まで合唱団で活動して迷わず声楽の道を選んだ。大学選択《せんたく》は高校時代の声楽コンクールで出会った審査《しんさ》員の先生から指導を受けたいという、偶然《ぐうぜん》の出会いがきっかけ。

取材先提供（以下同）

先生にほめられて合唱団に入団

私は生まれた時から歌が好きで、2歳《さい》の時にはテレビCMをマネしていたようです。小学校の時、音楽の授業で先生にほめていただいた時はとてもうれしかったです。

その先生の勧《すす》めで5年生になった時に、地元にある新潟《にいがた》市ジュニア合唱団に入団。演奏する曲はクラシックのほか、ミュージカルやポップスなど幅広《はばひろ》く、月1回の頻度《ひんど》で演奏会がありました。ステージから演奏を喜んで聴《き》いてくださるお客さまの表情が見えて、得意な音楽にかかわりたいと強く思いました。

高校も音楽科のある学校を選び、合唱団の活動も続けながら、音楽コンクールにも積極的に挑戦《ちょうせん》しました。高校2、3年生の時に受けた「東京国際声楽コンクール」では、高

2で第2位、高3で第1位を受賞できました。

武蔵野音楽大学との出会いは、その高2のコンクールの時でした。審査《しんさ》員のなかに評価が比較的《ひかくてき》低かった先生がおり、私のどの点に問題があったのか、直接講評をうかがいました。その時の先生が、今、武蔵野音楽大学でご指導いただいている先生です。

高3の夏には大学を訪れて先生にご指導いただくことができました。ヴィルトゥオーゾコースを知ったのも、そのご指導がきっかけです。先生は歌詞の言葉の解釈《かいしゃく》がとても豊富で、そこが私の欠点だと気づきました。高校生の私は自分の思うままに歌っていて、歌詞の読み込《こ》みが足りなかったと思います。

1年次から実技試験で成長を実感

ヴィルトゥオーゾコースで特に成長を感じる学びが「実技試験」です。ほかの学科・コースと比べて演奏時間が長く、1年次の前期は15分、後期は20分とさらに伸《の》びます。課題曲と自由曲から複数選ぶのですが、テーマ性をもたせて構成しなければなりません。試験日に演奏をやり切るのも大変ですが、それまでに入念な準備が必要です。

私は1年次の実技試験で、好きな作曲家であるトスティの楽曲を前期、後期ともに選択《せんたく》しました。先生はレッスンの時、歌詞をしっかり朗読《ろうどく》するように教えてくださいます。ことばから連想される主人公や世界観を感じ取ることで、表現力を深めていくのです。1年次の前期、後期の試験を比べると、朗読《ろうどく》したことで表現の幅《はば》が広がったように感じました。

2年次になると、「公開演奏試験」という学内のホールで行う試験もあります。客席に友人や家族に来てもらって生の演奏を聴《き》いてもらうというもので、実技試験とは異なり、リサイタルのような雰囲気《ふんいき》が感じられます。先生からのふだんの指導とは違《ちが》う気づきも得られます。演奏家としての振《ふ》る舞《ま》いや、それぞれの曲に登場する主人公をどう描《えが》き、演じ分けるかを学ぶことができます。テーマを設定して複数の曲を演奏するからこそ得られる、貴重な学びの機会だと思います。

そのほか、特別招聘《しょうへい》教授でオペラにも造詣《ぞうけい》が深い歌舞伎《かぶき》役者の坂東玉三郎《ばんどうたまさぶろう》先生から直接ご指導をいただいたことも、大きな刺激《しげき》になりました。受講生はオーディションによって選ばれ、私は大学院生の先輩《せんぱい》といっしょにドン・ジョヴァンニの二重唱を演奏しました。先生は音楽家とは異なる目線で、プロフェッショナルとしての所作や立ち居振《ふ》る舞《ま》い、ステージでの自己表現を教えてくださいました。

私は小学生の頃《ころ》から音楽経験を積み重ねてきましたが、大学にはさまざまな分野を専門とする先生がいて、専攻《せんこう》の声楽だけではなく、ほかの音楽にも目を向けて視野を広げられる場だと思います。

高校の卒業生とリサイタルを開催《かいさい》

高校を卒業してからも母校と卒業生のつながりは深く、私は2年次の夏に高校の音楽科の在学生と卒業生による合同リサイタルを開きました。私はステージで演奏するだけではなく、リサイタルの運営も手伝いました。会場の設定から交渉《こうしょう》、チケットの販売《はんばい》、フライヤーの制作など、リサイタルまでの準備を行い、開催《かいさい》することはこんなにも大変なのかとはじめて気づきました。また、演奏はもち

先生の指導によって自分が成長していることを感じます

ろんのこと、後輩《こうはい》や卒業生といっしょに一からつくる喜びも感じました。演奏当日は地元のお客さまにも来ていただき、後日、このリサイタルをブロガーの方が記事に取り上げてくださってうれしかったです。

大学を卒業した後は、海外に留学してヨーロッパの文化や社会を肌《はだ》で感じてみたいです。曲の解釈《かいしゃく》や表現の勉強にも直結するのですが、西洋音楽の声楽曲を学んでいるので、イタリア語やドイツ語も大切で、今はドイツ語のフォーマルな表現を学んでいます。

将来は、劇場などのオーディションを受けながら演奏家をめざしますが、大学院進学も視野に入れています。いずれオペラの舞台《ぶたい》に立ちたいですが、子どもの頃《ころ》の合唱団でミュージカルを経験しているのでキャストとして演技もしてみたいなど、夢《ゆめ》が広がっています。

4章

資格取得や卒業後の就職先はどのようになっていますか？

Q19

卒業後に就く主な仕事はなんですか？

国内外で活躍《かつやく》する演奏家

音楽学部生の卒業後の主な仕事は、専攻《せんこう》で学んだ知識や得た技術に強く結びついている。**代表的な職業としては、ピアニストやヴァイオリニストなどの楽器奏者や声楽家、指揮者など、演奏に直接かかわる職業（演奏家、音楽家）をまず想像する人が多いだろう。**

演奏家の活躍《かつやく》の場は、国内外の交響楽団《こうきょうがくだん》や管弦楽団《かんげんがくだん》、陸上自衛隊や海上自衛隊、航空自衛隊の音楽隊、警察や消防の音楽隊などだ。これらの楽団の正楽団員になるためには、オーディションに合格する必要があるけれど、採用枠《わく》は毎年かなり狭《せま》い。オーディションが行われたとしても、自分が専門とする楽器奏者を対象にしていないこともある。

だから、フリーの演奏家として活躍《かつやく》しながら、または楽団のエキストラ奏者としてたずさわりながら、採用オーディションの機会を待っている人が多い。そのほか、音楽大学やその付属高校などで、音楽指導の仕事もしている人もいるよ。

演奏家をめざす学生の多くは、大学卒業後にすぐに演奏家としての独り立ちをめざすのではなく、音楽大学などの大学院または海外の大学に進んでさらに研鑽《けんさん》を積んでいる。そのほか、作曲家や編曲家、シンガーソングライター、サウンドクリエイターなど、みずから音楽や音をつくって演奏・実演する専門職もあり、主にフリーランスとして働いている。

声楽やミュージカル、ダンス、バレエなど、主に声や舞台《ぶたい》に関連する分野を学んだ人は、劇団員、ミュージカル俳優、ダンサー、俳優、声優、演出家など、舞台《ぶたい》芸術やエンターテインメントの仕事にかかわっている。就職先として、劇団やバレエ団があるけれど、俳優であれば芸能プロダクションなどに所属して映画やドラマ、演劇などの出演依頼《いらい》を受けたり、映像・舞台《ぶたい》作品のオーディションを受けて仕事を得たりしているんだ。

音楽教員や音楽教室講師、音楽療法士《りょうほうし》

音楽学部生のめざす職業として、演奏家と並《なら》んでイメージしやすいのが、学校の音楽の先生だろう。**音楽学部では、中学校や高校の音楽の教員免許状《めんきょじょう》を取得できる教職課程が設けられているんだ。**音楽教育の専攻《せんこう》・コースでは、幼稚園《ようちえん》教諭《きょうゆ》や小学校教諭《きょうゆ》をめざすこともできる（各種教員免許状《めんきょじょう》の取得については、Q20を読んでみよう）。教員免許状《めんきょじょう》の取得を卒業要件にしている大学があるので注意しよう。

そのほか、ピアノなどの楽器演奏を指導する音楽教室の講師、バレエ教室やバレエ団の講師、ダンス講師など、専攻《せんこう》で学んだ技能を活かして教える職業がある。

大学・学部によっては、音楽療法士《りょうほうし》の資格を取得して、介護福祉施設《かいごふくししせつ》やリハビリテーション病院などで活躍《かつやく》している卒業生も多い。人手が不足している介護《かいご》職とは異なり、採用枠《わく》は必ずしも広くはないが、学んだ音楽で人びとの生活を支えられる重要な仕事だ。

音楽文化ホールやイベント会社で働く

ライブや音楽イベント会場で活躍《かつやく》する音響《おんきょう》技術、音楽イベントのマネジメント・ビジネスを専攻《せんこう》した人であれば、音楽芸術ホールやコンサートなどのイベント会社、さらには

レコード会社、芸能プロダクション、アミューズメント施設《しせつ》、放送局など、音楽やエンターテインメント、マスコミ業界への就職も考えられる。職業としては、音楽ホール職員、音楽プロデューサー、アーティストのマネージャーなどだ。

音響《おんきょう》技術や舞台《ぶたい》制作の専門職になる

音楽学部のなかには、ライブや音楽イベントなどで音の演出を担当する音響《おんきょう》エンジニアを育成する専攻《せんこう》がある。専門的な技術を活かし、レコーディングスタジオやライブホール、音楽制作会社などに就職する。また、演劇やバレエなど舞台《ぶたい》制作系の専攻《せんこう》であれば、照明スタッフや美術スタッフ、コンサートやイベントの運営スタッフなど、舞台《ぶたい》づくりの技術職をめざせる。就職先は、劇場や舞台《ぶたい》制作（舞台装置《ぶたいそうち》、道具、照明など）会社などだ。

音響《おんきょう》エンジニアや舞台《ぶたい》制作の技術職は、専門学校や美術系の大学でも学ぶことができる。ただ、**音楽学部で演劇やミュージカル、オペラ、バレエなど舞台《ぶたい》音楽の専門知識や技能を身につければ、それが音響《おんきょう》・舞台《ぶたい》の技術に加えて自分の個性や強みになるだろう。**

主に音楽にかかわる仕事。ほかの学びもプラスして別の道も

Q20 音楽学部で取りやすい資格を教えてください

中学校・高校の音楽の教諭《きょうゆ》免許状《めんきょじょう》の取得をめざせる

音楽学部で取得をめざせる代表的な資格は、中学校教諭《きょうゆ》一種免許状《めんきょじょう》と高等学校教諭《きょうゆ》一種免許状《めんきょじょう》だ。免許状《めんきょじょう》は、大学で設けられている教職課程を修了《しゅうりょう》すれば取得できる。しかし、教職課程の履修《りしゅう》科目は数が多く、音楽学部の専攻《せんこう》・コースの専門科目と並行《へいこう》して学んでいかなければならない。加えて、教育実習や介護《かいご》等体験など学外での実習もある。免許状《めんきょじょう》は教員になりたい人には必要で、音楽教育系の専攻《せんこう》・コースでは必ず履修《りしゅう》しなければならない。音楽教員をめざす人は、入学から卒業までの履修《りしゅう》計画をしっかり立てた上で判断しよう。

幼稚園《ようちえん》や小学校の教諭《きょうゆ》免許状《めんきょじょう》もめざせる

取得にはさまざまな条件や制約があるが、音楽学部でも幼稚園《ようちえん》や小学校の先生をめざすことができる。中学校や高校の先生と同じように、幼稚園《ようちえん》教諭《きょうゆ》一種免許状《めんきょじょう》と小学校教諭《きょうゆ》一種・二種免許状《めんきょじょう》が必要で、決められた教職課程を履修《りしゅう》しなければならない。小学校教諭《きょうゆ》二種免許状《めんきょじょう》は、私立の音楽大学では、提携《ていけい》している大学のスクーリングなどで取得をめざせる。

音楽療法士《りょうほうし》の資格取得もめざせる

音楽療法士《りょうほうし》とは、音楽を通して障碍《しょうがい》者や高齢《こうれい》者の心身のリハビリを支援《しえん》する職業、民間資格だ。資格を認定する団体はいくつかあるけれど、日本音楽療法《にほんおんがくりょうほう》学会《がっかい》と全国音楽療法士養成協議会《ぜんこくおんがくりょうほうしようせいきょうぎかい》による資格が代表的だ。日本音楽療法学会の認定校などで資格を取得した場合は「学

音楽学部で取得をめざせる主な資格

- 中学校教諭一種（音楽）
- 高等学校教諭一種（音楽）

専門分野に関する資格・検定

- 学芸員
- 音楽療法士
- 小学校教諭（一種・二種）
- 幼稚園教諭（一種）
- 保育士
- 社会福祉主事（任用）
- ヤマハ音楽能力検定（ピアノ演奏グレード、指導グレード）
- カワイグレードテスト
- 舞台機構調整技能士（音響機構調整作業）
- サウンドレコーディング技術認定試験
- 映像音響処理技術者資格認定試験
- Pro Tools技術認定試験
- MIDI検定
- 日本照明家協会舞台・テレビジョン照明技術者技能認定　ほか

会認定音楽療法士」、全国音楽療法士養成協議会の場合は「協議会認定音楽療法士（専修、1種、2種）」になる。

この資格は、主に音楽教育、福祉《ふくし》系の専攻《せんこう》・コースでめざすことができる。具体的な取得方法は、資格を付与《ふよ》する団体によっても異なるが、所定のカリキュラムを修了《しゅうりょう》すると卒業と同時に得られる場合と、カリキュラムを修了《しゅうりょう》後、試験を受けて合格したら得られる場合がある。音楽療法士《りょうほうし》に興味がある人は、進学を考えている音楽学部や専攻《せんこう》で、どのようなカリキュラムで取得できるか調べてみよう。

学芸員をめざせる音楽大学・学部もある

いくつかの音楽大学・音楽学部に限られるが、総合大学と同じように学芸員の資格取得をめざすこともできる。大学で音楽の歴史や文化について研究し、博物館や美術館への就職をめざすという進路が考えられるよ。ただ、このような公共文化施設《しせつ》の職員の採用枠《わく》は狭《せま》くて厳しい。企画《きかく》展の運営などにたずさわるキュレーターをめざす人には必須《ひっす》だが、就職事情もよく理解した上で取得を考えたほうがよさそうだ。

音楽にかかわる民間資格・検定の取得もめざせる

ほかにも、音楽にかかわる民間資格・検定は数多くあり、将来の仕事に深く影響《えいきょう》するものも多い。

音楽の演奏や教育にかかわる資格として、ヤマハ音楽能力検定制度や吹奏楽《すいそうがく》指導者認定試験がある。音響《おんきょう》技術・音楽制作系の専攻《せんこう》・コースでは、ＤＴＭ（デスクトップミュージック）やデジタル音楽の制作にかかわるMIDI検定試験、サウンドレコーディング技術認定試験、Pro Tools 技術認定試験（音楽録音技術）などがある。舞台《ぶたい》制作系の専攻《せんこう》では、舞台《ぶたい》機構調整技能士や舞台《ぶたい》・テレビジョン照明技術者技能認定、映像音響《おんきょう》処理技術者認定試験がある。

このように、ひと口に音楽関連の資格・検定といっても、選択《せんたく》する専攻《せんこう》・コースによってさまざまで、すべての音楽学部で取得できるとは限らない。また、音楽大学・学部ではなく音楽系の専門学校やスクール、または大学の別科でめざせる資格・検定（例：ピアノ調律技能士）もある。音楽関連の資格・検定を調べてみて、取ってみたいものが見つかったら、興味のある音楽学部・専攻《せんこう》でめざせるかどうかチェックしてみよう。

中学・高校の教諭《きょうゆ》免許状《めんきょじょう》（音楽）が代表的。民間資格も多数

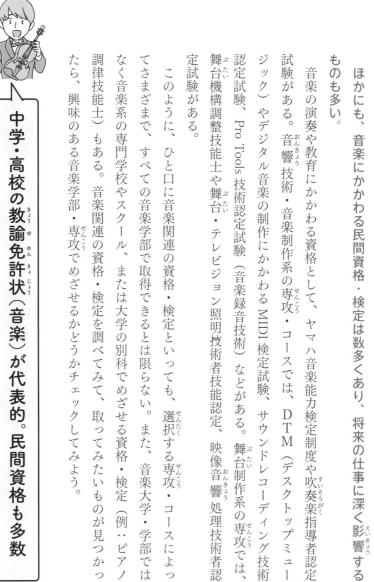

Q21 意外な仕事でも活躍している先輩はいますか?

卒業生の就職は多様で幅《はば》が広い

Q19でも説明したけれど、音楽学部生の代表的な職業といえば、演奏家や音楽教員など音楽に直接かかわるプロフェッショナルだ。しかし、現状は、その職業で活躍《かつやく》している人は限られている。つまり**音楽以外の仕事や業種、一般《いっぱん》企業《きぎょう》や自治体、官公庁などに勤める人がほとんどなんだ。**ほかの大学・学部生と同じような進路の傾向《けいこう》が見られるよ。

音楽学部は芸術やスポーツのように専門技能の教育に特化した学部だけど、卒業までに音楽しか学ばないわけではない。多くの音楽大学・学部では、他大学と同じように1年次から卒業後の就職を見据《みす》えたキャリア教育が行われ、音楽だけではなく他業界のインターンシップも経験できる。3年次までに学んだ専門知識・技能と、音楽以外の業界でも応用できる職業人としての技能、心構えを活かして、他業界でも十分に働いていけるんだ。

また、一度は狭《せま》き門である音楽のプロをめざすものの、夢《ゆめ》を追いかける期限を決めた上

で一般企業《いっぱんきぎょう》の就職に転換《てんかん》した人は少なくない。卒業後、働きながら音楽活動を続け、音楽のプロとしてのデビューをめざす人もいる。

ひとつの会社で一生働き続ける時代ではなくなったといわれる現代。もとより働き方や生き方が多様で柔軟《じゅうなん》な音楽学部生は、学び方や考え方次第では、このような多様化の時代にも対応できるだけの能力と可能性をそなえているといえるよ。

音や音楽に強いゲーム、IT・Web系のクリエイター

世界中で市場を伸《の》ばしているデジタルゲームの仕事も、音楽学部生の進路のひとつ。この業界では、**ゲームとその世界観を演出する効果音や、作品を印象づけるサウンドトラックなど音楽と音をつくる仕事**があり、主に音響《おんきょう》技術・音楽制作系の専攻《せんこう》でめざせる。このようなデジタル音楽の制作に必要な知識と経験は、作曲系の専攻《せんこう》でも身につけられる。

音楽制作系、音楽メディア系の専攻《せんこう》に限られるが、プログラマーやWebデザイナー、スマホアプリ開発、動画編集者といった、IT・Web系の技術者をめざすこともできる。

多様な人と接する旅行・観光の専門職

音楽学部では、グループ実習や学外での音楽活動など、人びととかかわる学びや経験が

多い。その経験をもとに、航空会社のグランドスタッフやキャビンアテンダントも卒業生の活躍《かつやく》の場だ。アミューズメントパークのスタッフや旅行会社の販売《はんばい》窓口、ホテルスタッフなど、レジャーにかかわる仕事も向いているだろう。

美容・衣料系の販売《はんばい》、営業職

舞台《ぶたい》芸術系の専攻《せんこう》の人は、演劇やミュージカルの実技をきっかけに、メイクアップや衣《い》装《しょう》に数多くふれ、美容やファッションの知識と感性が自然と身につけられる。その経験から発展して、アパレルメーカーや化粧品《けしょうひん》メーカーの販売《はんばい》職になる卒業生もいる。ビューティーアドバイザー、販売《はんばい》、商品企画《きかく》開発などの道もある。

特に音楽演奏や舞台《ぶたい》表現など、自分を表現し多様なコミュニケーションを学んだ人であれば、接客や販売《はんばい》といった人と向き合う仕事になじめるだろう。だから美容・衣料系のほかにも、スーパーマーケットや百貨店などの小売業、飲食店など、サービス業にも向いている。

ビジネスを学び、起業家になるという道も

「音楽とビジネスって関係あるの？」と、意外に思う人がいるかもしれない。

専門性と多様な人とかかわる学びを幅《はば》広《ひろ》い職業に活かせる

しかし、音楽ビジネス系の専攻《せんこう》・コースでは、音楽イベントを企画《きかく》し、予算を立て、会場を探し、収益を生み出すという、ビジネスの仕組みと流れを実践的《じっせんてき》に学ぶことができる。**好きな音楽でビジネスを生み出す実践的《じっせんてき》な勉強と起業経験ができれば、ほかの業界でも働ける基礎《きそ》力になるだろう。**

一見、音楽とは縁遠《えんどお》い、どちらかというと経営学部の学びになるけれど、音楽という好きなジャンルでビジネスという新しくて難しそうな勉強に挑戦《ちょうせん》するのも、自分の将来の可能性を広げるチャンスになる。

音楽学部で学ぶ人、とりわけ音楽の専門職をめざす人は、職業柄《がら》、企業《きぎょう》で長く働く生き方よりも、独立して自分の道を究める志向の人が少なくない。経営やビジネスの勉強は、音楽を活かして自分らしい働き方を見つけるきっかけになるかもしれない。

ビジネス系の専攻《せんこう》ではなくても、大学では学部を問わずビジネスや起業を学ぶ機会がある。ぜひ挑戦《ちょうせん》してみよう。

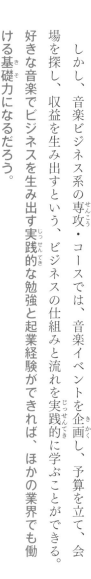

卒業生インタビュー
1

オーケストラはチームプレー 出会いの中で成長し続ける

NHK《エヌエイチケー》交響楽団《こうきょうがくだん》　第二ヴァイオリン首席奏者
桐朋学園大学《とうほうがくえんだいがく》音楽学部弦楽器専攻卒業

取材先提供

森《もり》田《た》昌《まさ》弘《ひろ》さん

３歳《さい》の時に弦楽《げんがく》四重奏を聴《き》き、感動してヴァイオリンを始めた森田さん。小学３年生から高校３年生まで地元のHBOジュニアオーケストラで演奏活動にはげみ、桐朋学園大学へ。恩師やさまざまな人との出会いの中で成長したそうだ。

恩師の勧《すす》めでN響の演奏に参加

NHK交響楽団（N響）に入団するきっかけは、桐朋学園大学時代にN響の音楽キャンプに参加したことです。当時ご指導してくださった辰巳《たつみ》明子《あきこ》先生に勧《すす》められました。

辰巳先生の指導は、学生の個性を活かし、伸《の》びしろを引き出すスタイル。その先生が、まだ大学2年生だった私にN響での演奏の機会を与《あた》えてくださったことは、今でも忘れられません。プロのオーケストラの楽譜《がくふ》の読み方すら知らなかったのですが、一生懸命《いっしょうけんめい》ついていき、その後もN響のエキストラ奏者を何度か経験することができました。

学生時代からの延長

桐朋学園の卒業生は国内外の多方面で活躍《かつやく》

して、特に弦《げん》楽器、ヴァイオリンの演奏家も多いです。私がN響の正楽団員になって二十余年、学生時代のエキストラ奏者を含《ふく》めると約30年活動してきましたが、N響にも桐朋学園出身者が多いです。先輩《せんぱい》の後ろ姿を見て、また後輩《こうはい》を教えていると、学生時代からの延長線上にいるような感じを受けます。

正楽団員として入った当時は、先輩《せんぱい》の後ろ姿から自分で判断することが求められました。技術面については、先輩《せんぱい》の弾《ひ》き方を見て、専門的な指使いをみずから研究していかなければなりません。N響では演奏会が間断なく続き、限られた時間の中で覚えることがたくさんあります。忙《いそが》しい演奏活動の中で、瞬時《しゅんじ》に自分の判断で改善し、演奏に臨む姿勢が身につきました。

入団から何年か経つと、先輩《せんぱい》方が室内楽のアンサンブルの方法や奏法を教えてくださるようになりました。教育も演奏経験も豊富な先輩《せんぱい》から教えていただけたことは、自分の成長につながりました。

その後第一ヴァイオリンの次席奏者を経て第二ヴァイオリンの首席奏者になりました。オーケストラ奏者は自身の座る（演奏する）場所によって音を出すタイミングや音量が異なります。今は指揮者やコンサートマスター、ソリストにかなり接近して演奏するので、ポジションによる演奏方法を毎回試行錯誤《さくご》しながらよい結果を出そうと日々努めております。

世界的コンサートマスターと演奏

今までの演奏活動のなかで特に大きな経験のひとつが、ウィーンフィルのコンサートマスターのライナー・キュッヒルさんがN響のゲスト・コンサートマスターとして来日し、いっしょに演奏したことです。キュッヒルさんはウィーン国立歌劇場でワーグナーを何度も演奏されています。

2019年にワーグナーの「さまよえるオランダ人」の公演がありましたが、その時、キュッヒルさんに「今まで何回くらいこの作品を演奏されたことがありますか?」とうかがったところ、日本語が堪能《たんのう》な先生は「70回は弾《ひ》いていますね」と軽妙《けいみょう》にお答えになり、その圧倒的《あっとうてき》な経験値の高さに驚《おどろ》きました。

このオペラはワーグナーの作品のなかでも比較的短い楽曲ですが、私たちは交響曲、管弦楽曲、協奏曲の演奏が中心の交響楽団なので、歌劇では稽古《けいこ》の回数が多くなります。オーケストラだけのリハーサルだけでも3日、そして歌合わせが3日、さらにゲネプロ、本番と続き、実働日数は9、10日間ほどかかります。一般的《いっぱんてき》なオペラに比べると練習回数が少ないですが、その演奏会の間、べったり張りつくようにキュッヒル先生のそばで弾《ひ》かせていただきました。とてもすばらしい経験になりました。

2022年7月から、私は第二ヴァイオリンの首席を務めています。長年にわたって第一ヴァイオリンだったので、譜面《ふめん》が大きく変わりました。声楽で言えばソプラノからアルトへ変わるようなもので、当初は不安でした。しかし、経験豊かな周りの仲間がいろいろなアイデアを出してくれるので、とても心強いです。団員のためにも、精一杯《せいいっぱい》務めています。

オーケストラはチームプレー

いい演奏とは、ステージの環境《かんきょう》とお客さ

生徒に演奏技術を教えることもあります　編集部撮影

まの反応が融合《ゆうごう》してはじめて実現します。また、オーケストラはチームプレーです。練習が始まる前に、いつ本番でもおかしくないという心構えで準備しておき、チームプレーを乱さないことは大切だと思います。

また、技術力を維持《いじ》する、高めるための自主的な練習も欠かせません。年齢《ねんれい》とともに、どうしても瞬発力《しゅんぱつりょく》や演奏技術が下がってしまうこともありますが、逆に若い時にできなかった技術が身についた時はうれしいです。

オーケストラの演奏者をめざすみなさんには、機会があれば演奏会に足を運び、また在学中からオーケストラに参加して弾《ひ》き方を一《いっ》生懸命《しょうけんめい》練習してほしいです。演奏の機会は日本にも海外にもあります。活躍《かつやく》の場を得るために常に情報のアンテナを張って、チャンスをつかんでほしいです。

卒業生
インタビュー
2

中学の吹奏楽部から始まり
プロのフルート奏者へ

フルート奏者

国立音楽大学《くにたちおんがくだいがく》音楽学部演奏学科弦管打楽器専修
フルート専攻卒業（同大学院修士課程修了）

下《しも》払《ばらい》桐《きり》子《こ》さん

取材先提供
（以下同）

中学校の吹奏楽《すいそうがく》部でフルートに目覚め、オーケストラでの演奏家にあこがれた下払さん。大学時代から数々のオーディションに挑戦《ちょうせん》して、東京フィルハーモニー交響楽団に入団。現在はソロ、アンサンブルのフルート奏者として、また高校での音楽指導にも熱が入る。

中学校の吹奏楽《すいそうがく》部でフルートと出合う

子どもの頃《ころ》、三姉妹でクラシックバレエを習っていました。稽古《けいこ》事としては楽しかったのですが、プロのダンサーをめざして打ち込《こ》む姉を見て、しだいに、私は姉のようにバレエに夢中になれないと感じ始めました。

中学校に入学後、吹奏楽《すいそうがく》部に入りました。以前から母や姉とクラシックバレエを観に行き、バレエ音楽を奏でるオーケストラにも興味をもっていました。きらきら光るフルートにひかれて始めたのですが、練習すればするほど夢中になり、プロのフルート奏者になる夢《ゆめ》をもちました。

そしてバレエをやめ、卒業までの3年間、吹奏楽《すいそうがく》部と個別レッスンを両立。音大への進学を決めたのもこの頃《ころ》です。

高校は、国立音楽大学附属高校の普通《ふつう》科を選びました。音楽科にしなかったのは、中学校の先生から、普通《ふつう》科だと大学進学の選択《せんたく》の幅《はば》が広がると助言され、私自身、音楽以外の勉強も苦ではなかったからです。

また、国立音大の附属高は普通《ふつう》科でも音楽の専門科目を選択《せんたく》できるので、私にはぴったりでした。高校では音大受験に向けてより一層、個人レッスンの時間を増やし、国立音楽大学のフルート科を一般《いっぱん》入試で受験。普通《ふつう》科から音大受験に臨むことに苦労もありましたが、合格できてうれしかったです。

音大生は打たれ強い

大学での学びで特に勉強になったのは、3年次から始まる専門コースです。私は管弦楽コースを選択《せんたく》し、オーディションの課題曲など主要な作品の勉強に力を入れました。

管弦楽コースの授業では各楽器に指導してくださる先生が一人ずついらっしゃり、演奏の見本をワンフレーズずつ、ていねいに示してくださいました。演奏の技術面だけではなく、団員としての責任感など演奏家としての心構えも教えていただきました。

音大生は誰《だれ》もがプロをめざす意識が強く、実技試験やオーディションという試練を何度も経験し、折れては立ち直る強いハートを身につけます。私も在学中からコンクールやオーケストラのオーディションを何度も受けては落ちました。また、個人レッスンで先生に叱《しか》られる一方、授業中に先生にほめられる友人と比べて心が折れたこともあります。

でも、いちいち傷ついていたら前には進めません。「オーディションとはそういう厳しいものなのだ」という理解と、前向きな姿勢が自然に身につきました。

あこがれのオーケストラに入団

多くのオーディションを経て結果が少しずつ出始めてきたのは、大学を卒業してからです。卒業してから2年間、私はオーディションを受ける準備を進めながら主にフリーランスの演奏家として活動しました。しだいにプロのオーケストラのエキストラ奏者のお仕事など、さまざまな依頼《いらい》を受け始めました。

その後、母校の先生の勧《すす》めで大学院に入学。フランスやチェコへの短期留学も経験し、さまざまなレッスンを受けながら、オーケストラでの演奏や学生さんの指導など、音楽活動の幅《はば》を少しずつ広げていきました。

そして2019年9月、東京フィルハーモニー交響楽団（東京フィル）に入団することができました。管楽器の演奏家は、楽器を持ち替《か》えることが多く、たとえばクラリネット奏者はバスクラリネットなど複数の種類を演奏します。私は2番奏者として、フルートとピッコロの両方を担当していました。

東京フィルは日本でもっとも古い歴史のある楽団で、団員数も多いです。フルートには首席奏者が三人おり、私は三者三様の個性に合わせ、のびのび演奏してもらえるようにサポートすることを心がけ、演奏会とリハーサルを交互《こうご》にくり返すような忙《いそが》しくも充実《じゅうじつ》した日々を過ごしました。

東京フィルの同僚《どうりょう》や先輩《せんぱい》方は常にすばらしい演奏をしていて、努力を惜《お》しみません。自然とリスペクトの気持ちがわき、私も同じように努力できました。

演奏家として東京フィルハーモニー交響楽団でも活躍しています
©上野隆文／提供＝東京フィルハーモニー交響楽団

一日の練習時間は平均して4～5時間ですが、オーケストラのお仕事がある日は、個人の練習やオーケストラ以外の仕事は、リハーサルの前後にこなしました。そのため、スケジュールと体調の管理は怠《おこた》りません。

音楽の演奏形態が著しく多様化する中、私も動画配信サービスを利用して演奏をインターネットに公開しています。日本各地から演奏についてのコメントが来たり、海外の演奏家と音楽談議ができたりと、新しいつながりができます。海外の作曲家から演奏に対するコメントをいただけることもうれしいです。

現在は楽団を退団し、また新たな夢《ゆめ》と目標に向かって挑戦《ちょうせん》を続けています。演奏活動と並行《へいこう》して大学の附属高校でも音楽指導を行っています。音楽を志す若い人を支えながら、私自身も演奏家であり続けたいと思います。

卒業生インタビュー 3

生徒とともに学び合い成長する音楽教員でありたい

東京《とうきょう》都《と》立《りつ》総《そう》合《ごう》芸術《げいじゅつ》高《こう》等《とう》学《がっ》校《こう》
東京音楽大学《とうきょうおんがくだいがく》音楽学部音楽学科器楽専攻ピアノ卒業

今《いま》川《がわ》雪《ゆき》菜《な》さん

取材先提供（以下同）

大学３年の時に経験した学校ボランティアをきっかけに、音楽教員をめざすことを決意した今川さん。現在は芸術系の高校教員として生徒に音楽の魅力《みりょく》と技術を伝えながら、自身も音楽の教育者として成長しようと日々奮闘《ふんとう》している。

学校ボランティアを機に音楽教員の道へ

私が音楽教員をめざしたきっかけは、大学3年生の時の教職課程において、小学校と中学校、高等学校で授業のボランティアをしたことです。生徒たちは、学校生活のさまざまな場面で人間として変わっていきます。学校で実際に生徒と接しながら、変化と成長の過程にたずさわる教職に魅力《みりょく》を感じました。

その後、学校現場での授業見学や放課後の学習支援《しえん》にも参加。教室にいる生徒の反応はとても素直で、教員の話に対する理解度や関心は生徒の表情や言葉にすべて表れるものだと気づきました。生徒と対話する先生方を見ては「もし自分が教員ならどう接するか」と常に自問し、その心がけは音楽教員になった今でも続けています。

教員採用試験は中長期的な勉強が大事

音楽の教員採用試験の対策は、大学3年次の冬頃《ごろ》に専攻《せんこう》の先生に相談して、中長期的な計画を立てて進めました。教員採用試験は、例年7~9月までの期間に行われるため、受験の見通しが立ちました。

採用試験までの間、教員をめざす友人たちといっしょに勉強することで、モチベーションを保つことができました。「私はボランティアや教育実習でこんなによい経験をした。もし教員になったらこんなふうに教えてみたい!」など、勉強の合間に競うように語り合った記憶《きおく》があります(笑)。

楽しみながら勉強していたので、採用試験までにやる気が下がったり不安を感じたりすることはありませんでした。

生徒の変容する瞬間《しゅんかん》にやりがいを

東京都の教員採用試験を経て、現在私は、音楽科が設置されている専門高校に音楽教員として勤務しています。高等学校1~3年次の専門科目を担当し、具体的には聴音《ちょうおん》やソルフェージュ、副科ピアノ、音楽理論(楽典、演奏研究)、アンサンブルといった専門分野を教えています。担当する授業時間は、一週間で18時間です。

そのほか、学校主催《しゅさい》の演奏会の運営にもたずさわっています。会場座席の手配やステージマネージャー指導、チラシやプログラムの作成、演奏会当日の音響《おんきょう》照明操作、プログラムノートの書き方、生徒へのマナー指導など、運営の仕事は多岐《たき》にわたります。校外での演奏会に生徒を引率するといった専門高校ならではの活動もあります。

　最近は校外演奏会の機会を多くいただけるようになり、今後は学校の魅力《みりょく》や生徒の魅《み》力《りょく》を知ってもらうための広報的な演奏活動にもいっそう力を入れていきたいです。

　教員として特にやりがいを感じる瞬間《しゅんかん》は、やはり生徒の行動（姿勢）が変容した時です。授業や生活指導の時、生徒に一度伝えるだけではなかなか理解してもらえません。一方的に話しても効果はなく、真意が伝わらないこともあります。そのような時は周りの先生方からご指導を受け、また実際に先生方が生徒と対話する姿も見て学び、実践《じっせん》するように心がけています。すると生徒の言動が少しずつ変化し、成長が見られるようになりました。

　学校の教員の一人として心がけていることは、先生方との情報共有です。学生の時と比べてもっとも意識が変わった部分です。やる気満々で物事に取り組んでいると、つい自分のことで精一杯《せいいっぱい》になり、周りが見えなくなりがちです。しかしそれは、組織の一員として働く社会人としてはふさわしくありません。一人で解決しようとせず、ほかの先生方と情報を共有した上で誠実に取り組むことが大切です。その積み重ねが、教員としての豊かな経験、武器になると思います。

一対一のレッスンからすべてを学んだ

　大学での学びをふり返ると、先生方からの実技指導が音楽教員としての仕事のベースになったと感じます。生徒を教えながら「先生はあの時、このようなことが言いたかったのだ」と、今になって気づくこともあります。

　専攻《せんこう》でのレッスンは、先生と学生のマンツ

働きかけによって生徒が変わる瞬間がやりがいです

ーマンで信頼《しんらい》関係を築いてはじめて成立します。学生の頃《ころ》は自然に生活の一部だと思っていたレッスンは、教員になってはじめて生徒のモチベーションを高め、一人ひとりに合った方針を示す重要な場であると気づきました。

厳しさと教育的愛情を使い分けるという生徒とのかかわり方の基本も教わりましたし、音楽教員に必要な学びのすべてが詰《つ》まった時間でした。授業で使用した教材やノートも、私にとっては今でも宝物です。

私が大学の先生方からたくさんの愛情を与《あた》えられたように、今度は私が生徒にひとつでも多くの愛情を受け取ってもらう番です。音楽そのものについても私は未熟なところばかりです。クラシック音楽の専門高校に勤務できることに感謝し、生徒とともに音楽を愛し、学び続ける教員でありたいです。

卒業生インタビュー
4

ミュージカルから得た学びが車の魅力を伝える仕事に結実

電通プロモーションプラス　スバルスターズ
洗足学園音楽大学《せんぞくがくえんおんがくだいがく》音楽学部音楽学科ミュージカルコース卒業

佐藤《さとう》あかりさん

小学生の時に、劇団四季《げきだんしき》のライオンキングを観て感動したという佐藤さん。中高一貫《いっかん》校では英語のミュージカルに挑戦《ちょうせん》し、大学でも専攻《せんこう》。就職活動を経て出合った今の仕事は、大学での学びと好きなことが強く結びつき、大きなやりがいを感じている。

編集部撮影（以下同）

学びが生きる職業と出合う

私は現在、カーショールームアテンダントといって、主に自動車メーカーで発売した新車などをショールームのお客さまに紹介《しょうかい》することを仕事にしています。

小さい頃《ころ》から人と接することや人前で何かを表現することが好きで、小学生の時はバレエを習い、中高6年間はミュージカル部で演じることに夢中《むちゅう》になりました。

ミュージカルをもっと学びたいと思い、洗足学園音楽大学に進学しました。在学中は舞《ぶ》台《たい》を数多く経験できたので、ミュージカル俳優になることも考えました。一方で、プロをめざす多くの学生を見ていて、私は自分がもつ力を別の道に活かしたいと考えて、前向きに方向転換《てんかん》をすることにしました。

俳優を含《ふく》めて舞台《ぶたい》や映像での表現者になる道は3年生で一度区切り、就職活動を本格的にスタートしました。人前で何かを発信する、接客ができる、魅力的《みりょくてき》な制服を着られるという三つを条件に、音楽にこだわらず自分の興味や関心、直感を重視して業界や会社、職業を幅広《はばひろ》く探したところ、スバルスターズと出合い、採用されました。

偶然《ぐうぜん》希望の仕事を経験できた

スバルスターズは現在7名が在籍《ざいせき》し、スバル本社のショールームの受付で来訪されたお客さまの対応をしています。このチーム名には、スバルブランドを伝える「伝道師」であり、一人でも多くのお客さまにスバルを知っていただくための架《か》け橋となる存在という意味合いが込《こ》められていて、私も常に心がけています。

活動の場はショールームだけではなく、国内のさまざまな自動車イベントもあります。東京オートサロンや東京モーターショーといった自動車の大規模な見本市では、ブースを訪れたお客さまへの接遇《せつぐう》のほか、ブース内のステージに立ち、ステージナレーター（司会）として展示車両の紹介《しょうかい》などを行います。

ほかにも、メディアの番組に出演することも任されます。最近では、スバルの公式YouTubeチャンネルや公式インスタグラムのインスタライブに出演し、当社の自動車をPRしました。先日はFMヨコハマの番組にゲスト出演させていただき、新型車を紹介《しょうかい》しました。メディアの仕事は学生時代から興味があったので、偶然《ぐうぜん》ですが希望が叶《かな》ってうれしかったです。

車の魅力《みりょく》を自分の言葉で伝える

これまでショールームやイベント、メディア出演とさまざまな仕事を経験させていただきましたが、どれひとつ取ってもやりがいがあり、大学で学んだことが結びついていると感じます。

以前、スバルの公式YouTubeの番組で私はスバルのSUV「レガシィ アウトバック」を紹介《しょうかい》する番組に出演しました。これは私が実際に車を運転しながらその特徴《とくちょう》を伝えるという内容で、女性でも運転しやすいことをPRすることが大きな目標でした。

スバルは安心と楽しさをテーマに掲《かか》げていて、安心運転新システムの導入に注力しています。この車にも自動車専用道路で効果的な機能を搭載《とうさい》していて、それを駆使《くし》しながら運転しました。機能の特色を意識しながらハンドルを握《にぎ》り、それを自分のことばで表現するように心がけました。運転中、座席の後ろから終始カメラで撮《と》られて少し緊張《きんちょう》しましたが、最後まで仕事をまっとうできてよかったです。

動画の公開後、全国のお客さまから反響《はんきょう》があり、この番組のシリーズ化が決定しました。ショールームでも「YouTubeを観ました」とお声がけいただいた時はとてもうれしかった半面、責任も強く感じました。

今の仕事をチームで成功させたい

今回のドライブ番組の撮影《さつえい》の前に、制作スタッフの方から台本をいただいて番組の流れをつかみ、自分のコメントを練習しました。大学のミュージカルコースで学ぶうちに本番までの限られた時間の中、自分で計画的に練

卒業生インタビュー

ショールームでスバル車の魅力をお客さまに伝えます

習する習慣が身についていたと気づきました。また、イベントやメディア出演の時、準備を十分に行っても本番では予想外のハプニングが生じることがあります。それでも臨機応変に対応できたのは、ミュージカルコースでの豊富な舞台《ぶたい》経験があったからこそだと思います。

毎日の業務はお客さまへの対応が中心ではありますが、チームワークも大切です。たとえば、多くのお客さまが集まる大規模なイベントは、メンバーや関係スタッフの方々との協力なくしてはできません。これから新しいメンバーが加入し、先輩《せんぱい》として仕事にかかわることになります。チームが新しくなりますが、これからもショールームをお客さまのためによりよくしながら、イベントの仕事も一丸となって成功させていきたいです。

5章

音楽学部をめざすなら何をしたらいいですか？

Q22

音楽学部のある大学の探し方・比べ方を教えてください

オープンキャンパスで学部の学びを体感

まず音楽学部の学びの基本を理解しよう。そのためには、大学の公式ホームページや入学案内で、学部の専門教育や研究、施設《しせつ》・設備、キャリア支援《しえん》など全体的な特色を調べて、興味をもった大学をいくつか選んでみよう。

興味をもった音楽大学・音楽学部が決まったら、できれば高校の早いうちから、オープンキャンパスにぜひ参加してほしい。**実際の授業や学内の雰囲気《ふんいき》、施設《しせつ》・設備の特徴《とくちょう》、在学生の学生生活を体験的に知るために大切な機会だ。**

大学によっては、高校生だけではなく中学生、さらには小学生から参加できる。少しでも音楽を専門的に学びたいという気持ちがあったら、音楽大学・音楽学部のオープンキャンパスに積極的に参加してみよう。

開催《かいさい》する時期や日程だが、多くの音楽学部では年に数回行われており、回数や内容は各校で大きく異なる。オープンキャンパスの代表的な内容を挙げてみよう。

まず大学全般《ぜんぱん》を紹介《しょうかい》するガイダンス、保護者説明会といった、講義室やホールなどで行われる説明会がある。大学の専門教育や研究活動の概要《がいよう》や学費、奨学金《しょうがくきん》制度の紹介《しょうかい》、卒業生の進路を知ることができる。学費は、私立大学の演奏学系の学科を例に挙げると、初年度納入金（入学金と授業料などを含《ふく》めた金額）の平均額は約２１１万円（筆者調べ）。大学によっては、教職課程や海外研修の費用が別にかかる場合がある。卒業までに合計でいくらかかるのか調べてみよう。

音楽学部ならではのオープンキャンパスのイベントには、先生や在学生による演奏・パフォーマンスがある。学部全体の雰囲気《ふんいき》を感じながら、専攻《せんこう》・コースに興味をもつきっかけになるだろう。キャンパスツアーも大学をよく知るための大きな参考材料になる。主に在学生がガイドになって参加者といっしょに各校舎や施設《しせつ》・設備を見て回る。校内を歩きながら、先輩《せんぱい》に実際の授業のようすや練習室での自習状況《じょうきょう》など、気になったことを質問してみよう。在学生や大学職員の方との相談コーナーでも質問できるよ。

体験レッスンや模擬《もぎ》授業で実際の学びを知ろう

音楽学部の紹介《しょうかい》として、専攻《せんこう》・コース別の説明会や模擬《もぎ》授業を行っている大学も多い。

内容は、科目やカリキュラム、専任教員の紹介《しょうかい》、先生や在学生による演奏やパフォーマンスなど。入学後どのような授業を受けて、卒業後の就職につながるかイメージしやすい。

音楽学部の最大の特色といえる学びが、先生との個人実技レッスンだ。専攻《せんこう》・コースによっては、どの先生の指導を受けるかが入学後の学びや卒業後の進路に大きく影響《えいきょう》する。だから、**音楽学部では先生の指導を直接受けられる体験レッスンを設けていて、受験生にとっては大学・学部選びの大きな決め手になる。**

体験レッスンは基本的に希望すれば受けられるが、演奏の実技レベルや学習経験が受講条件になることがある。しかし、楽器やダンスなどをはじめて学ぶ人でも受け入れているので、ぜひ挑戦《ちょうせん》してみよう。作品など音楽制作を学ぶ専攻《せんこう》・コースでは、制作した作品を先生が評価してくれることもある。

オープンキャンパスの一部のイベントは、大学の公式ホームページ（動画）で公開している。参加できない人は、まずイベントの動画を観ると参考になるよ。

受験対策のアドバイスは早めに受けよう

大学によって内容が大きく異なるが、音楽学部では専攻《せんこう》する楽器などの実技に加えて、楽典、聴音《ちょうおん》といった独特の受験科目が課されるのが一般的《いっぱんてき》だ。また面接や小論文が課さ

オープンキャンパスに積極的に参加して実際の学びを知ろう

れる場合もある。特に中学や高校に入ってから音楽を本格的に学びたいと思った人には、このような独特な受験の勉強法がわからない人がいると思う。そこで、音楽を一から勉強したい生徒のための入試対策講座を行っている大学がある。専攻《せんこう》・コース別の入試の選び方や受験勉強のアドバイスを、学部や入試センターの教職員が行っている。高校1年生でも質問できるので、興味のある大学の入試センターに早めに相談しよう。特に総合型選抜《せんばつ》を受験したい人は、高校3年生のはじめに入試ガイダンスを行っていることが多い。早い大学では5月から始まるのでチェックしよう。

大学の学びや生活をオープンキャンパスで経験して理解を深めたところで、これからめざす音楽大学・音楽学部を具体的に絞《しぼ》ってみよう。興味をもった専攻《せんこう》・コースの科目・カリキュラム、先生の個別レッスン、就職支援《しえん》など比べる項目《こうもく》を挙げ、いくつかの大学・学部を比べてみよう。たとえば演奏系の専攻《せんこう》・コースに進む人なら、教わりたい先生がいることが第一条件になる。このように、絶対おさえたい大学・学部選びの条件を決めて、いくつかの音楽学部を比べてみよう。そうすると志望校を絞《しぼ》りやすくなるよ。

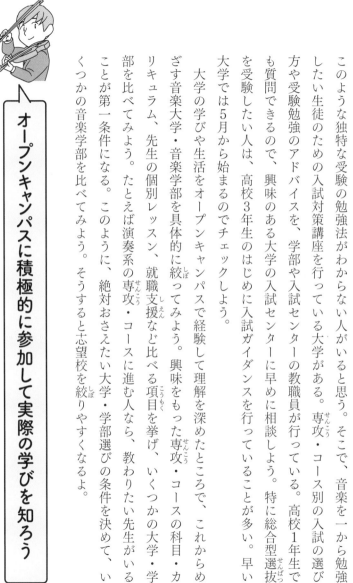

Q23 かかわりの深い教科はなんですか？

音楽をもっと好きに、得意になる

音楽学部の学びともっともつながっている教科は、何といっても音楽だ。楽譜《がくふ》が読める、音とリズムを正確に理解し表現できるなど、学びとしての音楽の基礎《きそ》は、どの専攻《せんこう》・コースを選ぶにしても必要不可欠だ。

しかし、音楽を創造する分野では、デジタル技術の急激《きゅうげき》な発展とともに、今や楽譜《がくふ》が読めなくても歌えなくても、音楽制作アプリを使えば、誰《だれ》でも作品を簡単につくれてしまう時代。AI（人工知能）が一からつくった音楽が大ヒットし、人間から音楽の仕事を奪《うば》うと思う人もいるだろう。とはいっても、そんな日々進歩するテクノロジーがつくる音楽を最終的に判断し、評価するのは、私たち人間だ。だからこそ、音楽の技術と能力、表現や感性を養い、社会に広め未来に受け継《つ》ぐために、音楽を学ぶことは大切だ。音楽を演奏表現する分野でも、人間こそ歴史ある古典音楽を後世に伝えることができる。

有名な指揮者、楽団による歴史的演奏を機械が簡単に再現できてしまうかもしれない。しかし、その評価は最終的には人間が行う。学びとしての音楽はこれからも社会に必要とされるだろう。

音楽が得意な人は、学校の授業や課外活動でクラスメートや後輩《こうはい》に音楽を教える体験を増やしてみよう。すでに経験している人もいるかと思うけれど、ピアノが得意な人なら合唱コンクールで伴奏《ばんそう》を積極的に担当する。歌が苦手なクラスメートがいたらいっしょに歌って覚えてみよう。得意な音楽で誰《だれ》かに喜ばれる、役に立ったという体験は、音楽をもっと学びたい、みがきたいというやる気につながり、音楽学部に進んでからも挫折《ざせつ》を乗り越《こ》える力になる。

国語と英語は音楽の理解と表現の基礎《きそ》に

日本語を学ぶ「国語」は、音楽学部の学びには不可欠だ。たとえば音楽教員をめざす人なら、生徒に音楽を教え伝えるためには、それにふさわしい日本語を使える力が必要だ。シンガーソングライターになりたい人は、歌詞をつくる時、日本語が豊かであればあるほど表現の幅《はば》が広がり、ひいてはいい作品をつくる武器になる。**音楽のどの分野を専攻《せんこう》するにしても、国語の力は基礎《きそ》力だ。**ことばでは表しにくい音楽を、人びとに説明する時に必要だ。世界的に見て文法、文化の面で独特な日本語の美しさを、歌詞として外国の音楽ファンをひきつけることもできる。

「英語」も専攻《せんこう》を問わず大切な教科だ。特に西洋音楽の演奏には作曲家や作品を理解する上で必要になる。また、海外で仕事をする時、海外の音楽家や外国人スタッフとコミュニケーションをはかる時、音楽ファンとの演奏活動やSNSで交流する時もおおいに役立つ。最近は日本の歌謡《かようきょく》曲が、詞と音、メロディーとともに外国人にも広く受け入れられるようになってきた。日本人ミュージシャンのなかには、英語と日本語の両方で楽曲をつくっている人もいる。日本語と英語の言語と文化を両方理解し、新しい音楽づくりに活かしていくと、将来的に世界で活動できるチャンスが広がるかもしれない。

美術や体育、情報も大学での学びにつながる

音楽学部で具体的に学びたいことによって、中学校や高校で特に力を入れて勉強しておきたいことが変わってくる。たとえば器楽や声楽など西洋音楽の演奏家をめざす人であれば、**音楽と関連が深い「美術」（主に西洋美術）の知識や見方が、音楽作品の理解をより一層深める。**

この本を読んでいる人は、高校の選択《せんたく》科目で美術を選ぶ人は少ないかもしれない。学校

の科目としての美術ではなくても、好きな作曲家や作品と同時代の美術作品を観ることで、音楽表現のヒントになるだろう。ただ、特に西洋中世の宗教画や世俗《せぞく》画は、当時の社会を知るための基礎《きそ》知識（世界史）が必要で、作品の意図、よさがわかりにくいかもしれない。でも、頭の片隅《かたすみ》ででも「おもしろいな、いいな」という感覚で美術に接していると、演奏家になった時に表現の幅《はば》を広げるきっかけになり、外国の演奏家との交流を豊かにする。

そのほか、ダンスやミュージカルを専攻《せんこう》したい人は、体育の授業を通して身体能力とリズム感を養うことができる。音響《おんきょう》などデジタル音楽を学びたい人は、情報の授業でコンピュータの知識と技能の基礎《きそ》をつけておきたい。

このように、中学校や高校で習う多くの教科が音楽学部の学びと深くつながっている。だからといって、すべての科目でパーフェクトになることが大事、という意味ではないよ。音楽以外でも、好きな教科はとことん勉強して得意になろう。苦手な教科は音楽学部の学び、行きたい専攻《せんこう》・コースの授業とどうかかわっているか調べてみて、高校のうちに少しでも苦手をなくしておくと、大学に入学してから新しい勉強になじみやすいだろう。

音楽を深めながら英語や国語など学びに直結する教科も勉強しよう

Q24 学校の活動で生きてくるようなものはありますか？

部活動やクラブで音楽を楽しみ、人間性を養う

この本を読んでいるみなさんで、今、吹奏楽《すいそうがく》部や軽音楽部、合唱部、ダンス部、演劇部など**音楽にかかわる部活動やクラブに入って活動している人は、そのすべてが音楽学部での学びにつながっているよ。**毎日の活動を通して、演奏の技術や表現力、感性を養うことは、大学に入学してから新しい専門科目を学ぶ上での基礎《きそ》力になる。

自分の演奏する楽器の練習をがんばっている人なら、目標に向かって計画的に取り組むことや最後まであきらめない気持ちは、音楽学部で学び続けるための力になる。

実際、音楽学部の学生たちは、授業以外でも、練習室や可能なスペースで自主練習に打ち込《こ》んでいる。先輩《せんぱい》たちは、定期的に行われる実技試験、演奏会やコンクールに向けて練習を計画的にこなし、本番で力を発揮する。たとえ試験やコンクールなどで失敗しても、ひとつのことに真剣《しんけん》に取り組む心構えとメンタルの強さを、つぎの挑戦《ちょうせん》へとつなげてい

くことができる。すでに学部の先輩《せんぱい》のようなタフさを身につけている人もいるだろう。

また、**集団での音楽活動は、コミュニケーション能力や協調性を高める。**みんなのなかには、演奏やパフォーマンスをめぐって部員と意見が合わない、もしかしたらケンカをしてしまった、という苦い体験をした人もいるだろう。しかし、それこそ人として、音楽を学ぶ人として成長するチャンス。人間関係の困難も乗り越《こ》えて、演奏会やコンクールが成功した時の喜びをみんなで分かち合う経験は、何ものにも代えられないはずだ。

学校の顧問《こもん》の先生やプロの演奏家や指揮者、インストラクターといった外部の先生、部活動の先輩《せんぱい》など、教えていただく目上の方たちとの接し方を学べることも、音楽学部に入った後はもちろん、社会人になった時にも役立つ。音楽学部では、在学中に専任の先生のほか、外部の先生、プロの音楽家など、さまざまな大人から学ぶ機会が多く、その時のあいさつや敬語、質問の仕方、コミュニケーションの深め方によって、自分の学びをより深めることができる。

みなさんのなかには、地域の人が集まるイベントでの音楽活動をやっている人もいるかもしれない。自分の歌やダンスを子どもたちが見て喜んでくれた、お年寄りが笑顔《えがお》になったなど、音楽をやっていてよかったと思う瞬間《しゅんかん》を経験していると思う。音楽が楽しい、もっと上手になりたいというその熱意を、音楽学部に進学してからも大切にしていこう。

このように、今夢《む》中《ちゅう》になっていることが、音楽学部での学びと深くかかわっている。大学受験に合格するための勉強は大切だけれど、音楽への熱い気持ちも大切にしていこう。

その他の教科や課外活動、研修から音楽を学ぶ

音楽の授業以外でも、音楽学部の学びとつながる体験はたくさんできるよ。

たとえば情報の授業で、音楽の魅力《みりょく》を伝えるＷｅｂサイトづくりに挑戦《ちょうせん》してみてはどうだろうか。具体的には、好きな音楽について記事を書いてＷｅｂで表現する、自分の演奏をスマートフォンで撮影《さつえい》して公開するなど。パソコンの操作やＷｅｂコンテンツづくりが得意になるかもしれない。音楽学部に進学してからも、情報で学んだことを活かして自分の音楽活動をＳＮＳやＷｅｂサイトにアップするなど、デジタル情報機器を活用して発表してみよう。それが音楽関係のアルバイトや就職への糸口になる可能性が十分にある。**音楽学部の先輩《せんぱい》のなかにも、ＳＮＳで公開したパフォーマンスがプロの目に留まって評価してもらったり、音楽関係のアルバイトの依頼《いらい》を受けたりした人もいるよ。**

また情報の授業では、音楽を仕事にしていく上で必要な知識である著作権や肖像《しょうぞう》権の勉強もできる。たとえば、好きなミュージシャンをＷｅｂで紹介《しょうかい》したくても、その人の写真や歌詞を許可なしで載《の》せてはいけないよ。情報を扱《あつか》う上での基礎《きそ》知識とマナーは、

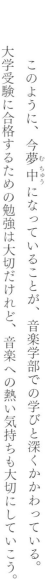

学校での授業や課外活動など今の生活のすべてが生きてくる

高校生のうちから身につけておくと後で有利だ。

高校で海外での短期研修や地元での国際交流プログラム、外国人住民との交流イベントなど、外国を授業以外で学ぶ機会がある人は、音楽学部で学ぶ目標を考えるよいきっかけになる。たとえば、出会った海外の人に好きな音楽について英語で説明してみる。海外研修で現地の高校生と交流できる人なら、いっしょに演奏して仲良くなれるかもしれない。

音楽にかかわる体験的な学びをたくさん経験し、音楽学部での高い目標と熱意がある人は、受験生の意志や適性、基礎的《きそてき》な実技など多方面から評価して合否が決まる総合型選抜《せんばつ》が合っているかもしれない。総合型選抜《せんばつ》の受験対策はどの大学・学部に進むにしても早めに始めたほうがよいといわれる。一度、興味のある音楽学部の入試情報を確かめてみよう。

そのほか、**進路指導や探究学習などで将来の生き方、働き方を学ぶ授業があったら、音楽にかかわる仕事や業界についてよく調べてみよう。**音楽学部で学ぶことがどのような仕事と結びつくのか、学部の先輩《せんぱい》たちの多様なキャリアを知ることで、自分の生きる目標を探ってみよう。

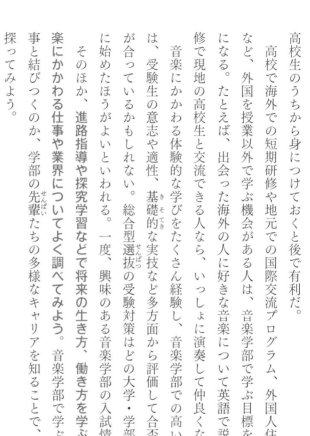

Q25 すぐに挑める音楽学部にかかわる体験はありますか？

好きな音楽をとことん観て聴《き》いて研究しよう

音楽学部にかかわる体験は、学校以外の場でもたくさんできる。これから紹介《しょうかい》することは、この本を読んでいる多くの人がもうやっていることかもしれない。

そもそもなぜ、みなさんは音楽が好きになったんだろう？　影響《えいきょう》を受けた演奏家、ミュージシャン、ダンサーと出会った、小さい頃《ころ》に聴《き》いた音楽作品に感動した、気がついたら楽器に夢中《むちゅう》になっていた、など。**好きになったきっかけとなった音楽のプロフェッショナルの作品をたくさん聴《き》く、観て学ぶことはとても大切だ。**

あこがれの演奏家が現在活躍《かつやく》中であれば、出演しているコンサートや作品の音源をたくさん聴《き》いて、研究してみよう。俳優やダンサーになりたい人は、映画やドラマ、演劇などさまざまな映像・舞台《ぶたい》作品を観て、どのような表現者になりたいか考えてみるのもいいだろう。

行きたい音楽学部が自宅から遠い人は、全国の各都市で体験レッスンや進学相談会を行っている大学があるので、近くのイベントに参加してみよう。音楽のプロフェッショナルであり、指導者としても経験豊富な大学の先生の演奏を聴《き》き、音楽指導を受けられる貴重な機会だ。そして、今の自分の技能のレベルがわかり、将来教わりたい先生が見つかるかもしれない。また進学相談会では、音楽学部で学ぶために必要なお金や準備など、学びや受験勉強以外のさまざまな質問もできる。

音楽を練習し、追究して自分なりに表現してみよう

1章でもふれたけれど、音楽学部で学んでいる先輩《せんぱい》たちは、大学の授業はもちろんのこと、学外での音楽活動にも積極的に挑戦《ちょうせん》している。みなさんのなかにもすでに音楽家として、ネットデビューしている人がいるかもしれない。

Q24でも少しふれたけれど、**自分の演奏やパフォーマンスを動画撮影《さつえい》して、SNSなどで世界中の人に見てもらうことも、音楽学部の学びにつながる。**大学でどんな音楽分野を学ぶか、今足りない技術や表現は何か、売れる音楽とは何かなど、音楽を学ぶ目標を見つけるヒントがたくさんあるだろう。

アルバイトをしている人は、機会があれば音楽にかかわる仕事を選んでみるのも、社会

経験を積むことができる。たとえば、地元のアーティストが出演しているカフェレストランで演奏のアシスタントをする、大規模な音楽イベントの観客の誘導《ゆうどう》を担当する、など。自治体の音楽イベントの運営ボランティアを経験するのも、音楽の社会とのつながり、特に音楽ビジネスの現在を体験的に学ぶよいチャンスだ。

受験対策に早めにとりかかろう

音楽学部の学科、専攻《せんこう》・コースといっても、学びの内容と特色は大きく異なり、入試の出題内容も変わってくる。Q22でもふれたけれど、**特に器楽や声楽など演奏系の専攻《せんこう》・コースでは、「楽典」や「聴音《ちょうおん》」など、音楽学部ならではの受験**

科目が課される。これらは、中学校や高校ではじめて音楽学部に興味をもった人には耳慣れない科目かもしれない。また、普通《ふつう》科高校や総合高校の人なら、ほかの教科のように音楽学部受験のための特別授業や補習はなく、どのような受験勉強をしたらいいのか不安に思う人がいるかもしれない。

そこで、まずは自分が志望する音楽学部の入試について、最新の受験科目と出題の傾向をよく調べてみよう。そして、実際に選ぶ受験科目の具体的な対策を考えて、入試日に向けて計画的に勉強を進めよう。

音楽学部の受験科目のなかでも実技は、合格できるだけのレベルに達するまでにはある程度の時間がかかる。特に音楽科以外の生徒で一からめざす人は、高校1年生から始めても早すぎることはない。

このような音楽学部ならではの実技や学科試験の対策については、学校の音楽の先生、または音楽系の部活動やクラブに入っている人は顧問《こもん》の先生に相談してみよう。

好きな音楽に打ち込《こ》みながら大学受験の準備も早めに始めよう

著者紹介

三井綾子（みつい あやこ）

教育ライター。1973年、静岡県生まれ。全国の学校を多く取材し、最新の教育・研究事情など進学に関する情報を紹介している。学生が学ぶこと、働くことの意味ややりがいを見出し、自信をもって将来を切り開いていくことを願いながら、若者へのキャリア支援を行っている。著書に『教育者という生き方』『教育学部』（共にぺりかん社）などがある。

なるにはBOOKS 大学学部調《だいがくがくぶしら》べ
音楽学部《おんがくがくぶ》 中高生《ちゅうこうせい》のための学部《がくぶ》選《えら》びガイド

2023年8月10日 初版第1刷発行

著者 三井綾子
発行者 廣嶋武人
発行所 株式会社ぺりかん社
〒113-0033 東京都文京区本郷1-28-36
TEL：03-3814-8515（営業）/03-3814-8732（編集）
http://www.perikansha.co.jp/

装幀・本文デザイン ごぼうデザイン事務所
装画・本文イラスト 保田正和
印刷・製本所 株式会社太平印刷社

©Mitsui Ayako 2023
ISBN978-4-8315-1648-0
Printed in Japan

仕事の実際から
なり方まで解説

なるにはBOOKS

並製カバー装
平均160頁

83 国際公務員になるには
横山和子(東洋学園大学特任教授)著
❶世界の平和と安全に取り組む国際公務員
❷国際公務員の世界［日本と国連とのかかわり、国連・国際機関の組織と仕組み、職場と仕事、生活と収入、将来性］
❸なるにはコース［適性と心構え、国際公務員への道のり、なるための準備］
★★★

23 外交官になるには
飯島一孝(元毎日新聞社編集委員)著
❶外交の最前線を担う！
❷外交官の世界［外交とは、日本の外交、外務省の歴史、外務省の組織、在外公館、生活と収入、外交官のこれから他］
❸なるにはコース［適性と心構え、採用試験、研修制度］
★★★

大学学部調べ **法学部**
山下久猛(フリーライター)著
❶法学部はどういう学部ですか？
❷どんなことを学びますか?
❸キャンパスライフを教えてください
❹資格取得や卒業後の就職先は？
❺めざすなら何をしたらいいですか？
☆☆☆

大学学部調べ **理学部・理工学部**
佐藤成美(サイエンスライター)著
❶理学部・理工学部はどういう学部ですか？
❷どんなことを学びますか?
❸キャンパスライフを教えてください
❹資格取得や卒業後の就職先は？
❺めざすなら何をしたらいいですか？
☆☆☆

大学学部調べ **教育学部**
三井綾子(フリーライター)著
❶教育学部はどういう学部ですか？
❷どんなことを学びますか?
❸キャンパスライフを教えてください
❹資格取得や卒業後の就職先は？
❺めざすなら何をしたらいいですか？
☆☆☆

大学学部調べ **社会学部・観光学部**
中村正人(ジャーナリスト)著
❶社会学部・観光学部はどういう学部ですか？
❷どんなことを学びますか?
❸キャンパスライフを教えてください
❹資格取得や卒業後の就職先は？
❺めざすなら何をしたらいいですか？
☆☆☆

大学学部調べ **医学部**
浅野恵子(フリーライター)著
❶医学部はどういう学部ですか？
❷どんなことを学びますか?
❸キャンパスライフを教えてください
❹資格取得や卒業後の就職先は？
❺めざすなら何をしたらいいですか？
☆☆☆

大学学部調べ **文学部**
戸田恭子(フリーライター)著
❶文学部はどういう学部ですか？
❷どんなことを学びますか?
❸キャンパスライフを教えてください
❹資格取得や卒業後の就職先は？
❺めざすなら何をしたらいいですか？
☆☆☆

大学学部調べ **経営学部・商学部**
大岳美帆(ライター・編集者)著
❶経営学部・商学部はどういう学部ですか？
❷どんなことを学びますか?
❸キャンパスライフを教えてください
❹資格取得や卒業後の就職先は？
❺めざすなら何をしたらいいですか？
☆☆☆

大学学部調べ **工学部**
漆原次郎(科学技術ジャーナリスト)著
❶工学部はどういう学部ですか？
❷どんなことを学びますか?
❸キャンパスライフを教えてください
❹資格取得や卒業後の就職先は？
❺めざすなら何をしたらいいですか？
☆☆☆

☆☆☆…1600円　★★★…1500円(税別価格)

大学学部調べ **経済学部**

山下久猛（フリーライター）著

❶経済学部はどういう学部ですか？
❷どんなことを学びますか?
❸キャンパスライフを教えてください
❹資格取得や卒業後の就職先は？
❺めざすなら何をしたらいいですか？

☆☆☆

大学学部調べ **外国語学部**

元木裕（フリーライター）著

❶外国語学部はどういう学部ですか？
❷どんなことを学びますか?
❸キャンパスライフを教えてください
❹資格取得や卒業後の就職先は？
❺めざすなら何をしたらいいですか？

☆☆☆

大学学部調べ **農学部**

元木裕（フリーライター）著

❶農学部はどういう学部ですか？
❷どんなことを学びますか?
❸キャンパスライフを教えてください
❹資格取得や卒業後の就職先は？
❺めざすなら何をしたらいいですか？

☆☆☆

大学学部調べ **環境学部**

大岳美帆（ライター・編集者）著

❶環境学部はどういう学部ですか？
❷どんなことを学びますか?
❸キャンパスライフを教えてください
❹資格取得や卒業後の就職先は？
❺めざすなら何をしたらいいですか？

☆☆☆

大学学部調べ **社会福祉学部**

大岳美帆（ライター・編集者）著

❶社会福祉学部はどういう学部ですか？
❷どんなことを学びますか?
❸キャンパスライフを教えてください
❹資格取得や卒業後の就職先は？
❺めざすなら何をしたらいいですか？

☆☆☆

大学学部調べ **教養学部**

木村由香里（ライター・編集者）著

❶教養学部はどういう学部ですか？
❷どんなことを学びますか?
❸キャンパスライフを教えてください
❹資格取得や卒業後の就職先は？
❺めざすなら何をしたらいいですか？

☆☆☆

大学学部調べ **人間科学部**

大岳美帆（ライター・編集者）著

❶人間科学部はどういう学部ですか？
❷どんなことを学びますか?
❸キャンパスライフを教えてください
❹資格取得や卒業後の就職先は？
❺めざすなら何をしたらいいですか？

☆☆☆

大学学部調べ **薬学部**

橋口佐紀子（医療ライター）著

❶薬学部はどういう学部ですか？
❷どんなことを学びますか?
❸キャンパスライフを教えてください
❹資格取得や卒業後の就職先は？
❺めざすなら何をしたらいいですか？

☆☆☆

大学学部調べ **生活科学部・家政学部**

木村由香里（ライター・編集者）著

❶生活科学部・家政学部はどういう学部ですか？
❷どんなことを学びますか?
❸キャンパスライフを教えてください
❹資格取得や卒業後の就職先は？
❺めざすなら何をしたらいいですか？

☆☆☆

大学学部調べ **国際学部**

三井綾子（フリーライター）著

❶国際学部はどういう学部ですか？
❷どんなことを学びますか?
❸キャンパスライフを教えてください
❹資格取得や卒業後の就職先は？
❺めざすなら何をしたらいいですか？

☆☆☆

【なるにはBOOKS】ラインナップ

税別価格 1170円〜1700円

1 パイロット
2 客室乗務員
3 ファッションデザイナー
4 冒険家
5 美容師・理容師
6 アナウンサー
7 マンガ家
8 船長・機関長
9 映画監督
10 通訳者・通訳ガイド
11 グラフィックデザイナー
12 医師
13 看護師
14 料理人
15 俳優
16 保育士
17 ジャーナリスト
18 エンジニア
19 司書
20 国家公務員
21 弁護士
22 工芸家
23 外交官
24 コンピュータ技術者
25 自動車整備士
26 鉄道員
27 学術研究者(人文・社会科学系)
28 公認会計士
29 小学校教諭
30 音楽家
31 フォトグラファー
32 建築技術者
33 作家
34 管理栄養士・栄養士
35 販売員・ファッションアドバイザー
36 政治家
37 環境専門家
38 印刷技術者
39 美術家
40 弁理士
41 編集者
42 陶芸家
43 秘書
44 商社マン
45 漁師
46 農業者
47 歯科衛生士・歯科技工士
48 警察官
49 伝統芸能家
50 鍼灸師・マッサージ師
51 青年海外協力隊員
52 広告マン
53 声優
54 スタイリスト
55 不動産鑑定士・宅地建物取引主任者
56 幼稚園教諭
57 ツアーコンダクター
58 薬剤師
59 インテリアコーディネーター
60 スポーツインストラクター
61 社会福祉士・精神保健福祉士
62 中小企業診断士
63 社会保険労務士
64 旅行業務取扱管理者
65 地方公務員
66 特別支援学校教諭
67 理学療法士
68 獣医師
69 インダストリアルデザイナー
70 グリーンコーディネーター
71 映像技術者
72 棋士
73 自然保護レンジャー
74 力士
75 宗教家
76 CGクリエータ
77 サイエンティスト
78 イベントプロデューサー
79 パン屋さん
80 翻訳家
81 臨床心理士
82 モデル
83 国際公務員
84 日本語教師
85 落語家
86 歯科医師
87 ホテルマン
88 消防官
89 中学校・高校教師
90 動物看護師
91 ドッグトレーナー・犬の訓練士
92 動物園飼育員・水族館飼育員
93 フードコーディネーター
94 シナリオライター・放送作家
95 ソムリエ・バーテンダー
96 お笑いタレント
97 作業療法士
98 通関士
99 杜氏
100 介護福祉士
101 ゲームクリエータ
102 マルチメディアクリエータ
103 ウェブクリエータ
104 花屋さん
105 保健師・養護教諭
106 税理士
107 司法書士
108 行政書士
109 宇宙飛行士
110 学芸員
111 アニメクリエータ
112 臨床検査技師
113 言語聴覚士
114 自衛官
115 ダンサー
116 ジョッキー・調教師
117 プロゴルファー
118 カフェオーナー・カフェスタッフ・バリスタ
119 イラストレーター
120 プロサッカー選手
121 海上保安官
122 競輪選手
123 建築家
124 おもちゃクリエータ
125 音響技術者
126 ロボット技術者
127 ブライダルコーディネーター
128 ミュージシャン
129 ケアマネジャー
130 検察官
131 レーシングドライバー
132 裁判官
133 プロ野球選手
134 パティシエ
135 ライター
136 トリマー
137 ネイリスト
138 社会起業家
139 絵本作家
140 銀行員
141 警備員・セキュリティスタッフ
142 観光ガイド
143 理系学術研究者
144 気象予報士・予報官
145 ビルメンテナンススタッフ
146 義肢装具士
147 助産師
148 グランドスタッフ
149 診療放射線技師
150 視能訓練士
151 バイオ技術者・研究者
152 救急救命士
153 臨床工学技士
154 講談師・浪曲師
155 AIエンジニア
156 アプリケーションエンジニア
157 土木技術者
158 化学技術者・研究者
159 航空宇宙エンジニア
160 医療事務スタッフ
学部調べ 看護学部・保健医療学部
学部調べ 理学部・理工学部
学部調べ 社会学部・観光学部
学部調べ 文学部
学部調べ 工学部
学部調べ 法学部
学部調べ 教育学部
学部調べ 医学部
学部調べ 経営学部・商学部
学部調べ 獣医学部
学部調べ 栄養学部
学部調べ 外国語学部
学部調べ 環境学部
学部調べ 教養学部
学部調べ 薬学部
学部調べ 国際学部
学部調べ 経済学部
学部調べ 農学部
学部調べ 社会福祉学部
学部調べ 歯学部
学部調べ 人間科学部
学部調べ 生活科学部・家政学部
学部調べ 芸術学部
学部調べ 情報学部
学部調べ 体育学部・スポーツ科学部
学部調べ 音楽学部

※一部品切・改訂中です。

2023.06.